U0537206

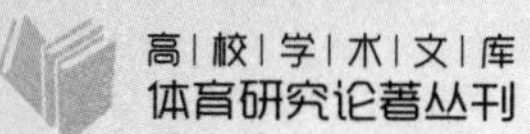

散打运动理论新探与技能培养研究

陈猛醒　著

图书在版编目(CIP)数据

散打运动理论新探与技能培养研究 / 陈猛醒著. —
北京：中国书籍出版社，2018.3
ISBN 978-7-5068-6802-0

Ⅰ. ①散… Ⅱ. ①陈… Ⅲ. ①散打(武术)—运动训练—
研究—中国 Ⅳ. ①G852.4

中国版本图书馆 CIP 数据核字(2018)第 059090 号

散打运动理论新探与技能培养研究

陈猛醒 著

丛书策划	谭 鹏 武 斌
责任编辑	成晓春
责任印制	孙马飞 马 芝
封面设计	崔 蕾
出版发行	中国书籍出版社
地 址	北京市丰台区三路居路 97 号(邮编:100073)
电 话	(010)52257143(总编室) (010)52257140(发行部)
电子邮箱	chinabp@vip.sina.com
经 销	全国新华书店
印 刷	三河市铭浩彩色印装有限公司
开 本	710 毫米×1000 毫米 1/16
印 张	16.5
字 数	285 千字
版 次	2018 年 5 月第 1 版 2018 年 5 月第 1 次印刷
书 号	ISBN 978-7-5068-6802-0
定 价	63.00 元

前 言

散打运动是我国传统武术中的一个重要分支，其也肩负着弘扬我国传统武术文化的重任。散打运动具有极强的对抗性和观赏性，是一项非常优秀的格斗类运动。我国的散打运动在发展过程中也曾受到西方体育的冲击，其一度在宣传和普及等方面落后于韩国的跆拳道以及日本的柔道。此外，散打运动的商业化运作也刚刚起步，处于初级发展阶段。种种原因使得散打越发被边缘化，这也致使人们对其技术技能等内容的研究兴趣减退。鉴于此，笔者特撰写《散打运动理论新探与技能培养研究》一书，旨在进一步推广散打运动，探索更易于散打爱好者学习的技能培养方法。

本书以散打运动的基本理论为切入点，辅以技能培养的方式方法。如此就能以理论和实践相结合的形式较为全面地分析散打运动。本书在撰写时力求做到以下几点。

(1)逻辑清晰、结构完整，理论部分和实践部分层次分明。

(2)内容丰富、图文并茂，具有很强的可读性和实用性。

(3)知识性强、科学有效。

全书内容共分为八章。第一章首先从散打的定义、起源与发展以及特点与价值阐述了散打运动的基本情况；第二章探索了新时期散打运动理论的发展，具体包括散打运动训练的新理念、散打教育新观念、现代科学训练理论在散打训练中的应用以及散打运动科学竞技体系的构建；第三章研究了散打运动的技法原理、对抗理论以及系统控制理论；第四章阐述了散打运动技能的基础训练方法，包括散打运动员所必备的体能、心能与智能等素质；第五章研究了散打运动中步法与功法的技能培养方法；第六章和第七章分别介绍了散打运动中的攻防技能与实用战术的培养方法；第八章介绍了散打运动中的礼节与服装等问题，此外还介绍了散打运动的主要竞赛规则以及相关的裁判法。

本书在撰写过程中参考并引用了相关专家和学者的研究成果。在此对他们表示衷心的感谢。另外，由于时间和精力有限，书中难免存在疏漏之处，恳请广大读者批评指正。

作　者

2017 年 11 月

目　录

第一章　散打运动概述

散打运动是徒手格斗对抗的现代竞技体育项目，是中国武术的重要组成部分。散打运动与实用技击并不完全相同，散打是在传统武技基础上的继承和提高，它从体育的观念出发，许多动作受到竞赛规则的制约，在不伤害对手的情况下，可以充分发挥各流派的技法。体育属性是散打运动得以发展的基础，基于此才能发展壮大，为世界人民所接受。本章深入研究了散打运动的定义，分析了其起源与发展的历程，探讨了散打运动的特点和价值，为散打运动理论与技能培养的研究奠定基础。

第一节　散打运动的定义

武术人体徒手对抗项目自开展以来，这个运动项目曾有过两个名称，即“武术散手”和“武术散打”。并且在相当长的一段时间内形成了“武术散手”和“武术散打”两个名称混用的局面。一个运动项目具有两个不同的名称，既不符合体育运动项目的国际惯例，也容易让人们对武术的认识产生混淆，不但影响武术运动在国内的健康发展，而且也影响武术运动国际化发展。

武术本身源远流长，流派演变复杂，内容丰富多彩，分支盘根错节，如果对武术不同项目的名称概念及其本质属性、表现形式、服务对象、具体内容、行为轨迹、技术特点不能进行准确的界定，肯定会将武术内部纵横交错的关系混为一体。因此，准确定义概念，再根据各自的内涵和外延适当地选用概念，是散打运动理论建设的一项十分重要的任务。

一、武术散手的定义

从中华民族几千年文明的历史长河中走来的中国传统武术，其文化的基石是中国传统文化。因此，其体育文化的内核是内敛和不张扬，追求的目的是“保护和防卫性”，而不是“表现和征服”。散打运动是农耕文明的产物，始终受到中国社会和自然各种因素的综合影响，具有原生态属性，形成了博大精深、风格独特的武术运动，其肢体语言承载了中国的传统文化和民族精神，所有这些内容主要是通过套路的形式来进行传承。

武术套路在长期的社会实践中，逐步形成了从单个动作、组合动作、分段动作、全套动作到散打练习这样一个完整的结构体系。因此，武术散手是武术套路项目属性的一个专用概念，是武术套路运动项目结构的一个重要组成部分。

由于武术套路技击的特殊本质和动作的技术特点，武术散手练习应运而生，武术套路脱离了原始的格斗形态后，就具有防身、健身和修身的三重功能，为了适应这些功能的需要，动作表达方式向多元化方向不断发展。为了防止编排和演练动作的过度变化，保证武术套路动作不脱离技击之本，采用散手的练习方法“练用结合”，既可以增加练习者的兴趣，又可以使动作规范化，还可以加深对动作技击含义的理解。因此，散手运动形式的出现是为了表现和规范武术套路动作的技击含义。

武术散手就是将套路中相连的动作分开，按照本流派的技术风格师徒或徒弟间交手，达到理解动作技击含义和掌握演练技巧的目的。武术散手中的“散”字是相对于套路而言，拆散连贯的套路动作是为了在交手时使用技击方法特征明显的动作。这种交手的对象只限于本拳种、本流派的师徒或徒弟之间，在默契配合中，按照本拳种、本流派的技术要求进行假设性的对抗练习，气氛谦让友好。交手的目的并不是区分胜负，重要的是体会动作的技击含义和形似技击的演练技巧。

武术散手虽然表面上看起来是两个人在进行对抗练习，但是实质上并没有发挥个人全部的技击能力，不是实战比赛，它由两个因素决定，使用动作方法的规定性和对抗不分胜负的假设性。

武术散手练习中，两个人“喂招”“接招”和“破招”，动作的幅度、路线、速度、速率、发力技巧等，必须使用本拳种的动作，保持本流派的技术风格。对抗不分胜负的假设性就是以对方为使用动作的对象，在互相使用动作的过程中领会动作的技巧。

武术散手和武术套路动作的练习目的是为了表现动作，而不是展示人的格斗能力，演练性质一脉相承，格斗方法脱离了实战比赛的客观条件限制，动作的招法没有具体的衡量指标。但是，人体徒手格斗是以击中、摔倒对方得分的多少来衡量胜负，而不是以动作的演练水平为衡量标准，这就是武术散手和武术散打运动的本质区别。使用动作的客观规律不以表现拳种、流派技术风格特点的需要而转移，如果用人体格斗的客观规律来衡量武术散手的技术要求，就会存在许多不相容的地方。

劈挂拳散手的大劈大挂，虽然关节伸展、幅度大，演练有气势，但是动作的方向、轨迹、速度、速率等均不符合人体格斗运动“快打慢”的要求，这种动作既容易被防守也容易被反击。又如，形意拳散手有“半边崩拳打遍天下”之说，形意拳通过蓄劲发出来的力量巨大，但是这一动作也不符合人体格斗运动“快打慢”的客观规律。由于人体格斗不是本门师徒或徒弟之间的比赛，对方运动员为了取胜不会给己方提供“蓄而后发”的机会，在蓄劲时对方的快拳快腿就会多次击打在身上。

太极推手是典型的太极拳散手练习形式，双方推起手来掤捋挤按、粘连黏随、轻重缓急、发力借力、出化柔顺就足以表现出太极拳的技术风格和特点。如果只是衡量运动员动作的演练技巧，两个人可以按照太极推手的拳理，集中意识、放松自然、走弧划圈、我推你顺、互相随之。如果进行对抗性质的比赛，运动员按照太极推手的拳理放松就很容易被对方推倒，不可能互相之间粘连黏随，而且裁判也不能判断出谁离弃在先。这样就没办法完成太极推手的动作过程，只要是进行不同拳种、不同流派运动员之间的对抗比赛，运动员的“顶牛”现象就是不可避免的。

武术散手虽然经受不了真打实摔的实践检验，但是更能衬托出中国人的聪明才智。中国人重感悟、轻实证的思维方式造就了武术散手练习百花齐放、风格独特的局面，在创编武术套路和表现散手动作的过程中，传统文化和民族精神等都通过武术的动作表达出来。武术套路动作的技击方法不用实战检验，正因此才发展成为形态万千、丰富多样、独一无二的非物质文化遗产。

二、武术散打的定义

试验武术对抗项目时，武术就是指武术套路。武术套路就是武术的主要表现形式。因此，原国家体委在试验武术对抗项目的发文中，只能沿用武术套路属性中“武术散手”这个名称。试验武术对抗项目的宗旨就是为了继承和发展武术的技击功能，希望武术套路中的散手练习形式能够独立地成为竞技武术的比赛项目。在 1979 年全国武术观摩交流大会和第 4 届全运会以及 1982 年以前的有关武术活动中，浙江省、北京体院、武汉体院 3 个试点单位多次汇报表演了武术散手的试验成果。虽然“散手”是当时国家公布的正式名称，但是报纸、广播、电视在内的公众口头语言却称武术徒手对抗项目为“散打”。概念是反映事物及其本质属性的思维形式，一种事物引起感觉和印象的东西重复多次，当认识了它的本质属性就会在头脑里形成反映这种事物的概念。因此，武术散打概念的使用是人们对运动员进行武术徒手格斗表现形式共同的认知，也是对已有武术散手概念重新反思的最终结果。

武术散打中的“散”字是相对武术套路而言的，武术套路从起势到收势是固定、连贯、完整、程式化的动作，“散”是把武术套路中具有攻防实用价值的技法动作拆散进行运用。“打”字并不表示踢、打、摔、拿中的拳法，而表示所有武术技击方法运用的实质和目的，实质是真拳实打进行实战的对抗性，目的为了战胜对方。因此，“散打”这个概念中起反映事物本质属性作用的是“打”这个字，“散”和“打”缺一不可，两个不同含义的字组合形成了武术人体徒手对抗项目的一个新概念。

武术散打无论是字面含义，还是语言习惯都符合武术科学发展观的要求。属于演练性质武术套路范畴的武术散手与属于对抗性质人体格斗范畴的武术散打，就可以通过“散手”和“散打”两个不同的概念区别开来。为了达成共识，2009年国家体育总局武术运动管理中心、中国武术研究院、中国武术协会在郑州专门召开了全国武术“散手”与“散打”名称项目属性的论证会，通过专家们的广泛讨论，最终决定武术人体徒手对抗项目采用武术散打这个概念。

武术散打和武术散手是两种不同性质和表现形式的运动项目，武术人体徒手对抗项目统一采用“散打”这个概念，项目名称回归到事物的本质，有利于武术对抗表现形式和武术套路表现形式的区分与理解。虽然相对于武术套路的悠久历史，武术散打是一个新兴的概念，但是，它伴随着武术对抗项目的发展逐步被人们认识和固化。

武术散打，是指以踢、打、摔为主要运动手段，以两人对抗比赛为表现形式，以竞赛规则为行为指南，以提高格斗素质为行为目的的民族传统体育项目。

(1)“以踢、打、摔为主要运动手段”主要是指采用武术的技击方法，包括预备法、步法、调动法、进攻法、防守法、反击法、连击法等相关的技法与之配套使用。武术散打通过最大限度地使用武术的各种技法，不仅可以与武术的技击内容保持一致，更重要的是武术散打是武术分支的一个重要理论依据，是区别于其他同类人体徒手对抗运动项目的重要标志。

(2)“以两人对抗比赛为表现形式”主要是指武术散打特殊本质的性质规定及其相应的运动模式。武术散打和武术套路都包含于武术之中，技击是它们共同的本质特征，不过，不同的表现形式反映出来的特殊本质并不相同。武术散打的运动形式主要是通过格斗对抗反映出来，直接检验运动员的技击能力，其表现形式的对抗性质反映的特殊本质是技击对抗。武术套路的运动形式主要是通过连贯、完整、固定的动作演练技巧反映出来，其表现形式的演练性质反映的特殊本质是技击含义。

(3)“以竞赛规则为行为指南”主要表达竞赛规则是运动员格斗对抗的行为准则，是一切技击动作规范与否的标准。武术散打是现代竞技体育的运动项目，不是原始社会的生产生活斗争和冷兵器时代战场上的殊死厮杀，需要采用统一的竞赛规则来规范运动员的行为，需要统一的裁判方法来决定运动员的胜负。竞赛规则和裁判方法就成为了保障武术散打运动员的人身安全、设定散打运动的发展路径、规范散打运动的技术内容、构建散打运动的科学模式、方便散打运动的操作程序的标准。

(4)“以提高格斗素质为行为目的的民族传统体育项目”主要是指武术散打运动员的行为目的是为了提高与格斗有关的素质。运动员通过长时间智能、体能、技能、心能的专门训练实践过程，可以提高人体格斗所需要的竞技能力，提升格斗素质，最终取得比赛的胜利。其中还可以领会民族的人文精神，加强个人的武德修养，培养良好的气质品行，从而弘扬中华民族的优秀传统文化。武术散打运动项目不仅是一种提高人体素质的手段，更重要的是它可以改善人的品质。因此，武术散打的定义最后明确地将武术散打定位在民族传统体育运动项目的范畴内。

第二节　散打运动的起源与发展

一、散打运动的起源

在漫长的冷兵器时代，由于徒手搏斗技术有特殊的功能，因而受到各个时期统治者的青睐和重视，在民间也被广泛传播。散打运动就是在我国古代徒手搏斗技术的基础上发展形成的。散打在历代有着不同的称谓，如角力、相搏、手搏、卞、白打、拆手、拍张、相散手、技击等。

散打的起源可以追溯到远古时期我国先民的生产活动。当时生产工具还不发达，野兽经常出没，人类为了生存，经常赤手空拳地与其搏斗，并逐步形成了拳打、脚踢、躲闪、跳跃、摔跌等动作，可以称为“手格猛兽”。随着私有制的出现和部落间频繁发生战争，为了侵占他人的劳动成果互相残杀，人与人之间的格斗技艺也逐渐发展起来，最直接也是最简单的就是踢、打、摔、拿、砸、劈、投等徒手和器械的格斗方法，这可以说是一种散打的雏形。

据史料记载，我国在商周时期就有了用“执技论力”“赢股肱”来决定胜负的“相搏”之技了。《释名》中说“相搏，搏谓广搏以击之也。然举手击要，终在扑也”。西周奴隶主贵族为防止奴隶的反抗暴动，让司法人员重视搏执的练习。西周金文史料记载：“夫有文无武，不足以威天下；有武无文，民畏不亲；文武俱行，威德乃成。”这足以证明当时所倡导的“文武皆备”之教育理念。

春秋战国时期，“相搏”形式的较技更为普遍，甚至有了战术的初步表述，除击法外，摔法、拿法也有发展。例如《公羊传》中记载：“万怒，搏闵公，绝其脰”，“绝其脰”就是擒拿中的锁喉法。《荀子·议兵篇》和《资治通鉴》中记载：“若手臂捍头目而覆脑腹也”“诈而袭之与先掠而后击之，岂手臂不救也。”从中可以看出，此时已有了惊上取下、佯攻巧打的战术运用。

秦汉时期，“相搏”叫“手搏”，比赛已比较正规，出现打擂台比武技的形式。1975 年在湖北江陵出土的秦墓中发现一个木蓖，其弧形背面就有彩绘“手搏”的比赛场面。画面中有三个男子，均穿着短裤，腰间束带，足登翘头鞋，其中两人正在进行“手搏”比赛，第三个人双手前伸，摆出裁判的姿势。台上挂有帷幕飘带，表示比赛是在台上的帷幕中进行的。整个画面热烈紧张，其形象栩栩如生，惟妙惟肖。《汉书·本纪》载：“元封三年春，作角抵戏，三百里内皆观。”可以看出民间角抵深受百姓的喜爱。

唐宋时期是我国古代封建社会的上升时期，也是我国武术的大发展时期，尤其是唐代武举制的实行更是促进了武术的发展。当时手搏、角抵备受重视，比赛几乎形成了制度，上至帝王将相、下至庶民百姓都很喜欢这个项目，初步具有了一定的体育属性。手搏、角抵比赛已形成大体规则，不按体重分级；主要用踢、打、摔的技法；活动场地多在方形台上进行，没有护具，比赛时多赤身短裤；犯规处罚不明显；获奖者给予重奖。两宋时期，手搏在民间更为流行，每年都要举行"擂台争跤"的比赛。尽管在当时这种擂台争跤还不是很成熟，但已是中国古老的武术对抗竞赛形式，而且我国较早记载角抵、手搏的武术专著《角力记》也是在这一时期出现的。

到了元代，民间武艺受到了较大破坏。统治阶级为了维护其统治，严禁百姓练武，规定"民习角抵、枪棒罪"。连民间私藏武器也要治罪，当时人们多是冒着生命危险，以家传的方式在秘密传承武艺。

明清时期是我国武术发展的集大成时期。手搏多称为白打或打擂台，在民间广为流传。诸如节日集会，通常都有擂主在公开场合搭上擂台，迎战所有人，且在擂台两侧挂上楹联"拳打南山猛虎""脚踢北海蛟龙"，烘托比赛的紧张氛围。比赛由"布署"主持，并规定"不许暗算"，先败下台的为输，胜者可获得银杯、彩缎、马匹等奖品。这种比赛不用事先报名，来自各地的拳师只要主办者同意就可以上台比试。但当时仍没有解决安全问题，为了避免纠纷，临赛前双方先立好生死文书，否则不准上台比武。

到了清代，伴随着农民运动及秘密结社组织的兴起，出现了不少习武的"社"、"馆"，尤其是"白莲教"、"义和团"、"太平天国"等农民组织，对武技的发展和影响巨大。特别是清代设立了专门挑选摔跤搏斗高手练习的习武机构——"善扑营"，促进了搏斗武技的成熟。清朝末年，随着西方列强的入侵，国门被坚船利炮打开，许多外国大力士也曾在我国设台比武，这在客观上使中国武术有了与外国武技直接切磋交流的机会，有了诸如朝慕侠、王芗斋等武术大师打败外国武师为中国人扬眉吐气的英雄事迹。习武开禁，拳技之风蓬勃一时，当时以霍元甲及其创办的精武体育会最为著名，对武术的进步起到了巨大的推动作用。

真正将徒手搏斗的武技进行体育化尝试是在民国时期。1927 年在南京成立了“中央国术馆”，此后在国内相继建立了国术馆达 300 多个，一些军队和大学都开设了国术课，许多武术家受聘任教，这一时期培养出了一大批武术人才。

1928 年 10 月，中央国术馆在南京举办“第一届国术国考”，为期 10 天。国考对抗项目设有散手、短兵、长兵、摔跤等，采用单败淘汰制，三局两胜。比赛在长方形的场地上进行，对抗不限流派，不以体重分级，临时抽签分组比赛。其规则是：不戴任何护具，凡用手、肘、脚、膝击中对方任何部位得 1 点，击中对方眼部、喉部、裆部为犯规，犯规 3 次取消比赛资格，严重者 1 次即取消资格。

1929 年初，为展示当时武林界各门派的真功夫，由中央国术馆副馆长李景林倡导并发起第一次全国性的国术表演及比赛大会。征得武林界的一致赞同后，在杭州的浙江省国术馆举办了“国术游艺大会”。从 12 个省及 4 个特别市筛选出 345 人参加了大会，其中参加散手比赛的有 125 人，评判委员会 26 人，监察委员会 37 人。散手比赛共分 4 组，选手均穿着大会统一的灰色布短装，扎腰带，分为红白两色，擂台高 1.3 米，长 20 米，宽 18.6 米。比试双方在擂台中央划定的粉圈上相对而立，等裁判长鸣第一声笛后，双方各上前行一鞠躬礼，再鸣笛即开始比赛。比赛期间，规则曾先后作了几次变更，一次比一次简单，规定不准挖眼睛、掐扼喉咙、打太阳穴和取阴部等。

1933 年，中央国术馆在南京举办“第二届国术国考”，大部分省市都派代表队参加。比赛项目有男女短兵、男女散手、中国式摔跤、国际拳击。当时的散打比赛采用点到为止的方式，没有时间限制，凡用手脚踢中对手任何部位都得一点，甚至用脚尖踢中对方，或以手摸到对方的头发也算得一点。由于当时比赛规则不规范，比赛双方皆不轻易出动作，在场上躲躲闪闪、跳来蹦去。

1933年，在南京举办的“全国运动大会”设有散手项目，比赛以性别分组，按体重分级，并用打棒球的护胸和踢足球的护腿作为散手护具，头和裆部是禁区。击中禁区者算做犯规，将对方击倒胜一局，比赛采取三局两胜制，没有时间限制。队员为了将对手打倒取胜，比赛近似于摔跤，一对选手比赛有的竟长达1小时以上。

虽然民国时期试图把“打擂台”以体育比赛的形式展现出来，但没有成功。不过，这种尝试却为中华人民共和国成立后散打运动的形成积累了经验，奠定了一定基础。

二、散打运动的发展

(一)散打在国内的发展

中华人民共和国成立后，武术散打运动经历了一个曲折的发展过程。中华人民共和国成立后不久，散打运动的发展曾一度红火，当时的国家体委专门设立武术机构负责全国武术的普及和推广。

1953年，全国民族形式体育表演及竞赛大会上，武术散手被列为竞赛项目，其后由于武术散手的比赛形式、竞赛规则还没有过多地考虑安全问题，以及发展武术套路被列为重点推广项目等多种原因，散打运动的发展十分谨慎、缓慢，后来十年的“文化大革命”几乎使散打运动绝迹。改革开放后，散打运动才逐步走向繁荣。

1978年，党的十一届三中全会以后，文化界出现了“百花齐放、百家争鸣”的大好形势。从那时起，武术开始在全国广泛地发展起来。原国家体委运动司武术处成立了武术散打调研组，并在湖南湘潭举行了全国武术比赛，其间听取了部分教练员及武术工作者的意见。随后在北京召开座谈会，听取武术界特别是部分老武术工作者的意见，最终总结出《关于开展武术散打运动的报告》。原国家体委对报告进行了研究并提出了“积极、稳妥”的方针，为武术运动的开展奠定了政治基础。

1979 年，为全面继承和发展武术这一古老的传统文化遗产，原国家体委决定按照竞技体育的模式首先在浙江省体委、北京体育学院和武汉体育学院三个单位进行武术散手项目的试点，以取得经验，逐步推广。同年 5 月，在广西南宁举行的全国武术观摩交流大会上作了首次汇报表演。9 月的第 4 届全运会期间，原国家体委又调试点单位的散手代表队赴石家庄赛区，与河北散手队进行了公开的表演。这时的散手比赛不设擂台，只在地上画一直径为 6 米的圆圈，出圈即为出界，相当于现在的下擂台。

1980 年，原国家体委又调集散打试点单位的有关人员开始拟定《武术散打竞赛规则》(征求意见稿)。通过试验修改，于 1982 年 1 月制定了《武术散打竞赛规则》(初稿)，并按此规则在北京体育馆举行了全国武术散打邀请赛。

1982 年，在北京召开的全国武术工作会议上正式提出武术散打的问题。大会报告中指出：“技击尚处在实验阶段，要逐渐积累经验。对待技击的开展要取慎重稳妥的态度。”在大会总结报告中又提到：“关于武术技击，目前应限制在一定的范围内进行。”自此，散打按照“积极、慎重、稳妥”的精神发展，每年举行一次“全国武术对抗性项目(散手)表演赛”。

1988 年在兰州举行的散手表演赛中第一次设台比赛。台高 60 厘米，长 8 米，宽 8 米，中心有一个醒目的太极图案，突出了武术的民族特点与风格。自此，武术散打以擂台形式进行比赛被确定下来，体现了武术的民族特性。

武术散打运动的开展，深受群众尤其是青少年的喜爱。但是，由于武术散打是一项对抗强度高且容易出现伤害事故的运动项目，因而对运动员的身体素质、心理素质、训练水平以及竞赛组织、场地条件、医务监督要求都很高。为此，1989 年原国家体委办公厅发出《关于加强武术散打比赛管理的通知》，这个通知保证了武术散打运动沿着规范、科学的方向发展。

1989年在江西宜春举行了第一次武术散打正式比赛——全国武术散打擂台赛。这次比赛正式采用《武术散打竞赛规则》，并且散打被正式批准为竞赛项目，这是武术散手发展史上的一个转折点，标志着武术散手进入了一个新的阶段。

1990年，原国家体委正式颁布执行《武术散打竞赛规则》和公布实施《武术散打技术等级标准》，并实行裁判员、运动员等级制度。同年批准了14名散打武英级运动员，中国武术散打裁判员队伍，经过数年的实践和努力已初步形成。1990年，经过考核由原国家体委批准了第一批国家级武术散打裁判员。武术散打比赛的评分采用电子计分器，比以往的评分方法有了很大改进。武术散打邀请赛、武术之乡比赛、武术馆校比赛、革命老区武术比赛等不断举办，对武术散打运动的发展起到了很大的推动作用。

1993年，第七届全国运动会在四川成都举行，散手首次成为全运会比赛项目，并设男子团体1枚金牌。

1994年，原国家体委武术研究院、中国武术协会主办的"94中华武术散手擂台争霸赛"在广州市摆擂决战，诞生了中华人民共和国成立以来的第一位"武状元"陈超。从此，开始了武术散手商业性比赛的探索。

1997年，第八届全国运动会武术比赛在上海举行。原国家体委对此次全运会竞赛项目进行了调整，武术是此次全国运动会唯一被保留的非奥运会项目，共设金牌15块，其中散手项目由1枚金牌升为3枚金牌，并分设大、中、小三个级别的比赛。

1999年，为使武术散手进一步规范化，突出民族特色，经国家体育总局武术管理中心决定，将散手正式更名为"散打"，全国比赛正式改名为"全国武术锦标赛散打团体赛"，并且增设了全国散打青年锦标赛。此次比赛正式脱掉了护头、护胸、护腿、护脚背等护具，只保留了护裆、护齿和拳套，这是武术散打史上从全式护具到点式护具的一次重大改革，使武术散打以一个崭新的形象展现在体育大舞台上。

2000年，由中国武术协会主办、北京国武体育交流有限责任公司承办的中国武术散打王争霸赛在北京正式开赛，这是中国散打进行的迄今为止最有力度的职业化改革，历时 3 年，是赛期最长、影响力最广的赛事，已经发展成了品牌赛事。

2001 年，广东南海举办第 9 届全运会，武术散打的金牌增设到 6 枚。

2002 年，在大连举办全国武术散打锦标赛，来自全国 40 个单位的 38 支男队和 24 支女队近 600 名选手参加了比赛，首次增设了女子项目，完善了武术散打在项目上的设置。

2003 年，全国武术散打冠军赛（男子赛区）在河南郑州举行，共有 42 个代表队的 468 名运动员参加了这次比赛，这是有史以来参赛队伍和参赛人数最多的一次。经过两天的激烈争夺，11 个级别的冠军各归其主，此次比赛的激烈性和观赏性都很高，门票价格高达百元。

2004 年，福建省体育中心举行全国男子武术散打锦标赛（团体），首次采用了新规则——《武术散打竞赛规则》（2004 年版），增加了比赛的激烈程度，提高了裁判的可操作性，竞技散打呈现出了群雄争霸的局面。

2005 年，第二届中国武术散打俱乐部联赛在北京开战，全国 34 个俱乐部的 190 名选手参加了比赛。比赛分为资格赛、擂主冠军赛、武状元争霸赛三个部分，包括男子 60 公斤级、65 公斤级、70 公斤级、75 公斤级、80 公斤级、85 公斤级、85 公斤级以上及女子 60 公斤级 8 个级别，最终决出 2005 年度的中国武术散打“武状元”。

2006 年，江西南昌大学体育馆举行全国武术散打锦标赛，来自全国各地的 48 支代表队共 600 多名武术散打优秀运动员齐聚南昌，此次比赛是中国武术最高级别和最高水平的全国性大赛。

2007 年，由国家体育总局武术管理中心和山东省武术院联合主办的 2007 年全国男子武术散打锦标赛，11 个单项级别的金牌各归其主，安徽队获得团体总分第一名。本次比赛吸引了全国 48 支代表队的 300 多名运动员参加，各级别成绩前 12 名的选手将获得本年度全国武术散打冠军赛的参赛资格，并选拔出代表我国参加“2008 年北京武术比赛”的参赛选手。

2008 年，由国家武术运动管理中心主办的“大比武 2008——中国武术散打功夫王争霸赛”开赛，是目前国内唯一由官方组织的顶级武术散打赛事。有来自北京、陕西、辽宁、黑龙江、北京体育大学等 40 多个代表队参赛。此次功夫王争霸赛是国内最具权威、规模最大、历时最长的武术散打赛事。各路散打高手将在 70 公斤级、80 公斤级、90 公斤级和 90 公斤级以上 4 个级别中，经过海选赛和擂主赛，决出 4 个级别的冠军，优胜者可获得巨额奖金。

2009 年，山东菏泽举办第 11 届“好当家杯”全运会散打比赛，此次比赛女子散打项目只设一枚团体金牌，比赛中选手的动作规范、打击力度、速度都有明显提高，比赛精彩纷呈，紧张激烈。比赛中，没有出现反判现象，先后倒地、双方下台等小错误的出现是历届全运会以来的最低水平，裁判业务水平明显提高。

CKA 中国武术散打超级联赛是由国家体育总局武术运动管理中心和中国武术协会主办，中国武术散打超级联赛组委会、北京东方武联体育文化有限公司组织承办的国家级体育赛事。

2010 年，中国武术散打超级联赛（CKA）在陕西渭南的华山之巅拉开战幕，共有 8 个省份派出代表队参加了比赛，赛制也从去年的循环积分赛制变为南北地区对抗的形式，选手依体重分为 65 公斤级、70 公斤级、75 公斤级、80 公斤级、85 公斤级 5 个级别，采用团体之间的单循环淘汰赛制，最终决出总冠军。总决赛由南方冠军对阵北方冠军，全年赛事 16 场，更加注重文化内涵及时尚色彩，突出中华武学的独特魅力，使更多的人关注、重视、喜爱中国武术散打运动。

2012 年，陕西省西安市成立了中国国家散打队，建立一支专门的国家队在中国武术发展史上尚属首次。国家散打队的任务是打好包括亚运会、亚锦赛、世锦赛和世界杯等在内的国内国际赛事。

2013 年，中国真功夫武术散打百强争霸赛年终总决赛，在西安城市运动公园体育馆举行。“天圆地方”的独特擂台，绚丽震撼的灯光音响，为广大观众呈现了两场汇聚了我国顶尖散打悍将的精彩武术散打盛事。赛事主办方立志于打造竞技性、观赏性、商业性和文化性于一体的顶级赛事，从赛事规则、比赛环境等角度，提高了赛事的观赏性，增强了互动性，使整个比赛充满对抗。

2014 年，我国散打项目在组织上实现规范化，散打项目中，小级别好于大级别(80 公斤以上)，小级别项目的“小、快、灵”特点得到了世界一致公认，而且水平较高，而大级别项目则发展缓慢。另外，国家队从西安一个基地扩为西安、济南两个基地，从一个集训队 50 多人扩为两个集训队各 50 多人。

2015 年，全国武术散打冠军赛在山西太原举行，共有来自全国的 45 支代表队，404 名运动员、教练员等参加了男子 12 个级别、女子 7 个级别的比赛。在这场代表全国散打最高水平的赛事中，运动员的竞技水平有了明显提升，从攻击力度到抗击打能力等方面都得到了增强。但是依旧反映出发展不均衡的问题，一些地区甚至没有队伍参赛，这不利于散打未来的发展。

2016 年，为了保持和巩固武术散打在搏击类项目中的核心地位，除了散打锦标赛、冠军赛外，国家体育总局武管中心、中国武协全力搭建三个平台：“散打天下”中国武术散打职业联赛，这是全国最高水平的个人赛事，其中有外国选手前来挑战；中国武术散打俱乐部联赛，采用队际赛主客场形式，成熟的情况下有可能设立甲级、乙级等不同层次级别，扩大市场规模；中国真功夫，主要是对外的国际比赛。

2017 年，第 13 届全运会武术散打预赛规模、人数与往届相比没有太大差别，但由于在规则和裁判法上进行了一定的改革，因此比赛中的场面、进程与过去相比有很多不一样的特点。本届全运会武术散打比赛中，运动员拳腿技术运用明显增多、进攻主动性更强，而消极搂抱、推搡的行为相应减少，这些变化带来的是更紧凑、更激烈也更精彩的比赛，体现出武术散打远踢、近打、贴身

摔的技术特色,形成完整的中国武术散打技术体系,

总体上看,目前武术散打运动已初步形成了系统、科学的组织程序;较为完善的竞赛制度以及竞赛规则和裁判法;培养了一批武术散打教练员和裁判员,使武术散打运动得到了进一步的发展,加快了走向世界的步伐。

(二)散打的国际化发展

1988 年,为了让世界了解武术,让武术走向世界,中国武术研究院和中国武术协会举办了首届国际武术节,并在深圳首次举行了国际武术散打擂台邀请赛。来自 15 个国家和地区的近 60 名运动员参加了为期 3 天 7 个级别的角逐,我国派出了 5 名队员参赛,分获 5 个级别的冠军。这是我国首次向世界展示武术散打的风姿。

1990 年,国际武术联合会在北京正式成立(IWUF),标志着武术的发展进入了一个新的时期。这是国际武术联合会成立后第一次全面检验成员国开展武术散打运动情况的活动,也预示了散打被各国认可和接受的可喜前景,为世界武术锦标赛的设项提供了可靠的依据。

1991 年,在北京举行了第 1 届世界武术锦标赛,共有 40 个国家和地区的 500 余名运动员参加了比赛,散打被列为表演项目,中国也派运动员参加了散打比赛,标志着散打项目在国际体坛确立了良好开端。在此后每两年一届的世界锦标赛上,散打都被列为正式比赛项目。此外,在历届的亚洲武术锦标赛上也将散打列为正式比赛项目。

1993 年,在马来西亚首都吉隆坡举行了第 2 届世界武术锦标赛,53 个国家和地区的 600 多名运动员参加了比赛,散打第一次被列入世锦赛正式比赛项目。

1995 年、1997 年、1999 年、2001 年、2003 年分别在美国巴尔迪摩、意大利罗马、中国香港、亚美尼亚埃里温和中国澳门举行了第三届至第七届世界武术锦标赛,并在第七届世锦赛中增设了女

子散打项目。

1999年,中国功夫对美国职业拳击争霸赛在美国犹他市举行,中国功夫7比2战胜对手。这是散打首次在国外进行的商业比赛,在国际上产生了强烈的反响。

2001年,首次中泰搏击对抗赛在广州举行,中国散打以5比2取得了胜利,终结了泰拳500年不败的神话历史。

2002年,第1届世界杯武术散打比赛在上海举行,这标志着散打运动的国际化已结出了丰硕的成果。

2003年,在北京工人体育馆举行了世界散打争霸赛,是由世界自由搏击冠军代表队和中国散打王代表队上演的一场激情四射的世纪豪决。中国队以4比0完胜对手,首次将国际自由搏击联合会(IKF)的金腰带留在了中国。

2004年,第2届世界杯武术散打比赛在中国广州举行,来自19个国家和地区的68名散打高手争夺17个级别的冠军,并首次增设了女子项目,中国队最终夺得了10枚金牌。

2005年,国际武联会员达到了106个,并起草拟定《国际武联职委会工作条例》和《国际武联财物管理办法》。

2006年,第15届多哈亚运会武术散打比赛决出5枚金牌,中国队参赛的4位选手,李腾56公斤级,马超60公斤级,赵光勇65公斤级,徐延飞70公斤级全部获胜夺冠。亚运会武术比赛中的散打项目包括48公斤级、52公斤级、56公斤级、60公斤级、65公斤级和70公斤级6个级别的比赛,中国队参加了除48公斤级、52公斤级两个级别以外的其他4个级别的散打比赛。

2008年,经国际奥委会批准,由北京奥组委、国际武术联合会主办,中国武术协会承办的“北京2008武术比赛”在北京奥林匹克体育中心体育馆举行。比赛共设15个项目,套路10枚金牌,散打5枚金牌,有来自世界五大洲43个国家和地区的128名男女运动员参加比赛。最终中国队获8金,以绝对优势列金牌榜首位,俄罗斯和中国香港队分别以2金3银和2金1银1铜分列第二、第三位。

2009年,在加拿大多伦多举行第10届世界武术锦标赛,中国武术队10名散打选手参加了10个项目的比赛,共获得了8枚金牌。此次比赛,中国队遭遇了多年来难得一见的挑战,最大的压力来自于伊朗、埃及和俄罗斯的选手,他们共斩获了6枚金牌。他们的强劲实力已经撼动了中国散打队长期以来的霸主地位,主要原因一是多年的刻苦训练使他们在技术上日趋成熟;二是国外选手体能优势明显,更适合散打项目;三是中国顶级的散打教练援外传艺,形成与中国选手对抗的局面。

2010年,北京首届世界武搏运动会武术散打比赛在奥体中心体育馆落幕,此次散打比赛共设5个级别,中国运动员参加了其中4个级别的比赛,经过顽强的拼搏,中国运动员包揽了4枚金牌,圆满完成了本次比赛任务,充分展示了中国运动员的精湛技艺和良好的精神风貌,再一次证明了中国散打队雄厚的实力。

2011年,第4届世界杯武术散打比赛在黑龙江举行,经过三天的激烈角逐,17个级别冠军全部产生。中国队参赛的11名选手全部获得金牌,成为本届世界杯的最大赢家,其他6个级别,越南、土耳其、中国澳门、伊朗、突尼斯、阿根廷各获一枚金牌。

2012年,在越南胡志明市举行的第8届亚洲武术锦标赛上,一支20人组成的"生力军"横扫赛场,用19枚金牌的优异成绩在武术散打和武术套路比赛的赛场上掀起了一场"中国风暴"。这支之前从未参加过任何国际比赛的队伍在艰苦的参赛环境中,用自己的实力和近乎完美的表现,在亚锦赛的舞台上展示出了中国武术"舍我其谁"的实力和气魄。

2013年,中国真功夫(CFC)武术散打百强争霸赛在陕西省泾渭体育馆举行,比赛期间穿插进行中外武术散打对抗赛,俄罗斯、泰国等各国搏击名将轮番上阵叫板中国选手。土耳其武术协会联合执行委员会主席拉赫曼·阿克于兹,对此次比赛给予高度评价和赞扬,还邀请中国武术散打百强争霸赛赴土耳其进行比赛。

2014年,国家武术散打队在第17届亚运会比赛中取得了5金1铜、在第7届世界杯武术散打比赛中取得了7金1铜的优异成绩，圆满完成各项训练比赛任务，为国家争得了荣誉。

2015 年，受新西兰功夫武术协会的邀请，中国武术代表团抵达新西兰奥克兰，进行武术套路和散打技术教学、规则培训以及参加武术散打邀请赛。比赛期间，还安排了武术套路和散打展演，通过比赛和技术展演的形式，展示了中华武术的精髓，展现了中华武术的风貌，使新西兰观众进一步全面了解了中华武术。

2016 年，武术散打界最高级别的国际大赛——第 8 届"世界杯"武术散打比赛在古城西安举行。在男女总共 18 个级别的比赛中，中国队表现出色，出战的男、女 10 位运动员全部进入各自级别的决赛，并在决赛中全部战胜对手获得金牌，展现了中国武术散打的强劲实力。

2017 年，国际武术联合会正式出台了 2017 版《国际武术散打竞赛规则与裁判法》，并将于 2017 年 9 月在俄罗斯喀山举行的第 14 届世界武术锦标赛上实施新《规则》。

目前，武术在国际上的发展势头喜人，国际武联会员国已达到 142 个，散打项目越来越被各国人民接受和喜爱。各洲和各国的武术组织还通过各种形式经常举办洲际的和本国的武术散打比赛，有的洲已将散打列为洲际武术锦标赛的正式项目。所有这些，都为武术散打真正走向世界打下了坚实的基础。

第三节 散打运动的特点与价值

一、散打运动的特点

（一）技术特点

当前，世界范围内的人体格斗类运动项目非常多，散打、拳击、摔跤、跆拳道、柔道、空手道、泰拳等都属于对抗性质的人体格斗类运动项目。虽然在表现形式和运动形式上有很多相似之处，但是各个运动项目之间，由于使用技法内容的差异性，各个项目的技术特点也不尽相同。散打运动通过与其他人体徒手格斗类项目进行比较，具有自身的技术特点。

1. 技法内容的全面性和综合性

散打是一项利用拳、腿、摔的技术动作战胜或制服对手的高强度对抗项目，在保证安全和裁判操作的前提下，最大限度地综合应用各种不同类别的技击方法，反映出了武术散打运动技法全面运用的技术特点。人体格斗的技击方法从摔法技术来讲，依据运动力学“破坏重心”和“抡圆”(走圆的切线)的方法，从防守技术来看主要是依据“接触式”和“不接触”，以及防守有利于快速反击的原则，产生了运用身法和步法的多种不同防守动作。双方格斗时运动状态不同选择的对策也不同。人体格斗的目的是制服对方，过程是身体的运动，手段是技法运用，规律是相互制约，技术内涵是随着技法运用种类的多少来发挥作用。

各种不同种类的技法是根据人体格斗时姿势状态的不同变化和打击对方的不同需要而产生的。虽然，每一个单一种类的技法作为个体，针对人体不同的攻击目标和手段可以发挥不同的作用，但就散打发展来看，单一技法的局限性也越来越凸显出来。例如，随着散打技术水平的不断提高，单个技术运用的空间必然缩小，凭单一个动作取胜将不太可能。在散打对抗中，运动员组合技术攻防转换能力的高低成为决定胜负的关键因素，也更能发挥散打技术全面、立体进攻的特点。尤其对高水平运动员来讲，提高单个技术质量已变得相对困难，所以提高组合技术的攻防转换能力就成为提高整体水平的有效途径。

不同种类的技法作为整体，技法与技法之间也是相生相克、相互制约的。但是，单一种类技法的相生相克只能在单一种类的技法内衍生变化，不能体现人体格斗各种技法使用的全貌，人体格斗不同种类的技法只有存在允许全面运用的条件，才能体现出它们相互之间互为作用的整体性价值功能。

国外的人体格斗类运动项目,基本上都是以人体格斗的某一类技法为主要运动手段,在自身允许使用方法的范围内,根据运动规律和运动员姿势状态的变化,制定出与之相适应的竞赛规则,在竞赛规则的限定下进行竞技比赛。例如,拳击是以拳法为主要运动手段,跆拳道是以腿法为主要运动手段,摔跤是以摔法为主要运动手段等。从具有代表性的人体格斗类运动项目中可以看出,都是将完整系统的人体格斗技术分解开来,以单独技法为主要运动手段形成独立的运动项目,使完整的人体格斗技法独立地发展。

依据武术技击的继承性原理,武术散打不同种类的拳法、腿法、摔法都可以用,能够最大限度地发挥踢、打、摔法综合应用的功能,全面体现人体格斗不同技法运用的变化规律和运动规律。散打和其他人体格斗类运动项目相比较,最重要的技术特点就是能够在一个人体格斗类运动项目中,充分地反映出不同种类的技法综合运用。

散打技术对同类格斗对抗技术进行了大胆地吸收和借鉴,如中国式摔跤、国际式摔跤、柔道中的摔法、拳击中拳法、空手道、泰国拳中腿法等。从技术的表面层次看,散打技术表现成分中有跆拳道的腿法、柔道与中国跤的摔法(更侧重于中国跤的快摔)、拳击的三种基本拳法,从运动的形式看类似于自由搏击。散打运动在保证安全的前提下,除了对人体容易伤害的部位、容易伤害人体的技法、运动员比赛过程中使用而不宜于裁判员记分的动作做了必要的限制外,任何武术技击方法都可以使用。散打从头到脚都能够被攻击,上至武术的腾空动作,下至前扫、后扫、地趟打法等,可以使用动作的空间范围非常广。如此一来,运动员进攻和防守的视野扩大了,提供了使用多种战术变化的条件。武术散打与其他人体格斗项目相比使用技法的完整性最强。

散打运动的技术含量最高,空间活动的范围最广,运动状态的变化最复杂。人体格斗呈现出的任何一种姿势状态不管是转身、侧身、前俯、后仰等,运动员都可以在任何方向、任何角度发出进攻、防守、反击、攻中带防、反反击的不同动作。双方运动员的距离不管是远是近还是贴身,都可以针对性地使用拳、腿、摔的不同技法,通过运动员动作姿势的动态调节,使进攻动作达到不同距离的攻击目标。

2. 技法实用的广泛性

散打运动员经常在相互对峙的情况下,一方进攻,另外一方防守或反击,而进攻方又转为防守或反击,有时也出现连续进攻的情景(很少),这种攻与守的相互转化很鲜明。与其他人体格斗类运动使用的技法相比较,由于使用技法的全面性和综合性,针对任何情况和各种格斗状态都具备进攻、防守、反击、攻中带防、反反击的手段,相生相克技法的熟练掌握,反映出了散打运动技法实用广泛的技术特点。

人体格斗的技法,踢、打、摔各有各的作用,从实用的价值上来讲,它们横向之间并没有优劣之分。不同种类的技法针对的是特定的客观条件,不同的客观条件适合使用不同的方法,"远用腿、近用拳、贴身靠摔拿"就是对不同种类技法在什么样的情况下发挥作用的高度概括。

相生相克是人体格斗技术发展的不竭动力,每一种技法能够使用就能够被破解。拳法可破拳法,腿法可破腿法,摔法可破摔法。腿法可以克拳法,因为腿法工作距离长、力量大,正如拳谚中所说:"一寸长,一寸强""手是两扇门,全凭脚打人"。摔法又能克腿法,腿法做功时单腿支撑人体平衡底面积变小,因此,有"起腿半边空"之说,只要使用接腿摔就很容易将对方摔倒。拳法可以克腿法和摔法,因为拳法速度快,工作距离短,在腿法、摔法动作启动时,拳法结合步法的调整可以快速地击打对方。

散打运动要求运动员对拳、腿、摔三大技术应全面均衡发展,运动员在摔法中争取双方先后倒地就可以不失分,减少了运动员使用腿法被摔的心理负担,提高了腿法的得分可能性,这在一定程度上促进了运动员对拳腿技术的运用。

中国散打技法博大精深的精华正是拳、腿、摔相互作用、相互制约的循环技术整体，并在这个整体中衍生出无限的技巧。其他人体格斗类运动项目，局限于竞赛规则允许采用的技法范围内，单一技法自身克自身，失去了拳、腿、摔的客观联系规律，也就等于失去了相互作用的实用价值。

散打运动员从基础训练开始，就紧紧围绕拳法、腿法、摔法、战术意识和战术动作，以及相应的运动素质进行训练。例如为改进和提高拳法和腿法技术的重复击打沙包的练习，为提高运动员的比赛适应能力而采用的极限强度的组合训练和循环训练等。通过整体技术综合运用的训练，可以培养运动员拳、腿、摔技法的操作转换能力，建立起任何条件下都能发出进攻、反击和反反击动作的条件反射能力，建立起使用合理有效技法的动力定型。如拳击、跆拳道、空手道、泰国拳、摔跤、柔道、自由搏击等相同训练水平的运动员在一起进行比赛，拳击经不起散打的腿法进攻，摔跤、柔道运动员虽然会摔，但没有经过接腿、抓腿的训练，抓不住腿，摔法就用不上，也承受不了散打拳法、腿法的进攻。武术散打和其他同类项目相比，其技法使用的广泛性是显而易见的。

3. 技法使用的灵活性

散打竞赛规则中规定，头、躯干、下肢都是可以被进攻的得分部位，并且武术中拳、腿、摔等方法都可以使用。竞赛规则为综合使用武术的技击技法提供了条件，技击技法动作技术含量大、空间范围广、动态变化大。这种特点通过不同的技术动作表现出来，拳法与拳法、拳法与腿法、拳法与摔法、腿法与腿法、腿法与摔法、摔法与摔法，能够充分运用上与下、长与短、进与退、大与小、高与矮、远与近、快与慢相互矛盾、相互转化的动态规律，进行无穷的变化，展现技法使用的灵活性。

当前的新规则对运动员在使用摔法时提出了更高的要求，在有限的2秒内迫使运动员采用快摔技术，否则就要放弃摔法采用拳腿进攻，使运动员在没有十足把握摔倒对方的情况下而放弃摔法，但由于这一情况又使腿法的使用率提高，暴露运动员在运用腿法进攻时，重心不稳，易被对方阻截或抱摔的缺点。一种攻击性技术的使用，总是与其相应的防守技术同时发展，腿法技术的使用大幅提高，必然有防腿、接腿技术的出现来控制腿法技术的提高。腿法技术的有效运用，使防中高腿法技术中接腿快摔的有效运用也相应得到提高，这从技术运用统计结果中可得到证实。运动员在加强腿法技术训练的同时提高抗摔能力，对接腿摔技术的提高，将使散打技术尤其是腿法和摔法技术得到进一步的丰富和提高。

"兵无定势，水无常形""制人而不制于人""以静待动，以逸待劳""善守者，藏于九地之下；善攻者，动于九天之上，故能自保而全胜也。"散打在比赛的过程中，运动员的发招时间，采用何种技法，用什么样的动作防守或反击，没有固定模式，需要运动员在对方动作变化的瞬间，临时选择相应的方法应对，进攻对方容易被攻击到的部位（薄弱环节）选择得越准，动作与动作之间相克的对应关系越到位，技术表现得就越为巧妙。运动员技术使用的真真假假、虚虚实实，必然会呈现出随机而动，灵巧多变的技术特点。

"以巧制力""以巧制快""以巧取胜"说的就是在运用散打技法的过程中，要充分发挥动作与动作之间的空间差、时间差、距离差、支点差、力距差、重心差等，充分利用人体运动学和相生相克的原理，顺其力破之而为巧，避其力破之而为妙，逆其力破之而为拙。做到借力破力，借力打力，借用双方的合力，以最小的消耗，发挥最大的效果，达到"四两拨千斤"的结果。发招变化的灵活性，不仅是散打技术的特点之一，也是散打技术追求的最高境界，还是表现中国武术散打技术风格的重要标志。

4. 技术与体能的协同性

散打运动的技术与体能的协同性其实质在于要在发展运动素质的同时提高运动员的机能水平和改进技术动作的要素，运动员在完成拳法、腿法和摔法的相应动作时，其运动技术的完善程度与速度、力量等运动素质的发展密切相关。比赛中，运动员在各种情况下所使用的攻防动作，必须要以速度、力量和耐力素质作保障。一般性身体体能的高水平发展，并不等于在专项比赛中完成技术动作时也表现出运动素质发展的高水平。在散打训练实践中，常有一些在典型的力量练习中达到很高指标的运动员，在技术训练或比赛中却不能表现出相应的力量水平。一些在周期性运动中表现较好耐力的运动员，在散打比赛中也没有呈现出很好的体力。这是由于运动素质、技术动作和机体机能之间没有建立起必要的相互联系的缘故所致。

散打训练中，必须将不断增长的运动素质与提高机体机能水平和运动技术紧密地联系起来，使三者之间产生相互作用的协同效应，彼此互为促进。

(二)文化特点

现代散打运动根植于博大精深的中国文化，自然而然地受到传统文化和传统武术环境的熏陶，滋生于传统武术的现代散打运动受中国传统文化的影响是全面的、深刻的。

1. 崇尚武德

中华武术武德观念最为鲜明的表现为“德”与“艺”的统一。儒家的“仁义思想”也深深地浸透在古代武术的武德观念之中。常言道“文以评心，武以观德”，拳语云“未习艺，先修德”，这些都说明习武之人要讲究武德，武德就是习武之人应该具备的道德品质。综观我国传统武术的各个项目，均能呈现出东方文明的气质——争斗而有礼让，有劲而不粗野，艺纯熟而不玄浮，情饱满而含蓄内向，富于观赏且追求高尚的精神气质。古代武德讲究的是仁、义、礼、智、信、勇；现代武德则讲究树立理想、为国争光、遵纪守法、宽容礼让、诚实守信、见义勇为、尊师爱生、文明有礼等内容。

现代散打是建立在传统武术的基础之上具有鲜明的东方文

明特点，同时也反映西方文明所突出的壮烈、惊险、富于强烈刺激的审美观点。可见现代散打在传承东方文明的同时也及时地融入西方文明，因此更具有强大的适应力。散打运动员无论是在日常生活中还是在训练比赛中，都要体现出良好的武德修养。从现行的散打规则看，有许多武德行为规范的内容，如互行抱拳礼、遵守规则、尊重和服从裁判、不准攻击后脑、裆部等。其中"抱拳礼"是散打运动中独特的礼节，反映了中国传统文化所倡导的"中庸"、"礼让"、"不为人先"的观念，这种文化意识与文化心理结构同传统的制度文化是一致的。散打运动提倡比赛斗技，不可丧德、失志，不许暗算和故意伤害对手的武德精神。

散打运动具有的文化特点是中西方文明的碰撞与融合，其在传承东方文化的同时，应更多吸取西方竞技的拼搏、冒险、刺激的精神，才能形成一整套完善的竞技原则。

2. 比赛服饰

从着装和礼仪上就可以体现体育项目的民族文化特点，如日本的柔道和韩国的跆拳道，无论从礼仪到服装都有特殊的民族文化符号。散打比赛运动员穿着背心、短裤、并带上红黑护具、红黑拳套，十分正规，但是国外众多的格斗对抗性项目，竞技者可以穿着十分个性化的服装，尽管也有一定的要求，但整体来看，比赛的服饰十分混乱。

3. 兼收并蓄

散打既是中华武术之精粹，又是传统文化的载体之一。中国传统文化中的哲学、医学、美学、兵学、养生学、民俗学等众多内容，都对武术散打产生了不同程度的影响，同时也起到了至关重要的作用。比如，散打比赛采用了中国传统的擂台方式进行比赛，三局两胜制就是沿袭了中国古代民间打擂的风俗习惯，运用汉语作为裁判规则用语等。习武目的绝非是为了逞强斗狠，而是追求"内外兼修，天人合一"。

(三)训练特点

1. 全面均衡地发展整体竞技能力

散打运动员的训练包括身体、技术、战术、心理和智力等多方面的综合内容,尽管每一方面的训练都是相对独立的,但是提高任何一个方面的训练水平都会提升运动员的专项竞技能力。身体训练是提高和保持运动成绩的根基;技术训练使运动员掌握合理的技击技术,在激烈的比赛中有效发挥运动素质;战术训练水平的训练,直接影响着运动员在场上合理地运用技术和分配体力,散打比赛的胜负与战术的优选和运用有着非常密切的关系;心理素质训练是运动员在比赛中充分表现最高训练水平的重要保证;智能训练水平在很大程度上决定着运动员对训练的接受能力和自我控制,以及在比赛中审时度势,熟练运用技战术和把握战机的能力。

在训练和比赛中,这五个方面的训练水平不是孤立地表现出来的,而是相互作用、相互联系的统一体,任何一方面的训练水平下降,都会影响整体能力的发挥和提高。因此,优秀散打运动员的训练必须强调全面均衡地发展整体竞技能力,注意弥补专项竞技能力的薄弱内容,同时重视发展特长并形成个人绝招。

2. 负荷量与负荷强度的平衡

散打训练的负荷量包括练习动作的次数和组数、练习所用的时间、跑动的总距离和力量训练的总重量等因素。一般来说,散打运动员对负荷量刺激的反应不强烈,因为负荷量对有机体的刺激比较缓和,产生的训练适应程度也相对较低,但机体所产生的适应却比较稳定,消退也慢。从多年训练过程和年度训练、阶段训练的调节来看,负荷量对维持和稳步提高散打训练水平起着至关重要的作用。

散打训练的负荷强度包括完成练习动作的质量、练习动作的难易程度、身体练习的用力程度、练习的密度等因素。有机体对负荷强度的刺激反应较强烈，就能较快地提高机体各个器官的适应能力，产生较深刻的训练适应性影响。但相对负荷量而言，有机体所产生的适应不太稳固，消退也较快。在散打训练中，负荷强度往往决定着运动员专项竞技能力水平所能达到的高度。

负荷量与负荷强度是矛盾的统一体，相互联系又相互制约。练习中负荷量与负荷强度并存，有一定的练习量必然有一定的练习强度，两者相辅相成，不断提高，使运动负荷逐渐增加，逐步增强运动员机体对训练的适应程度。现代训练比较重视负荷强度，大强度的训练可以达到时间短、收效快的效果。训练强度控制得当，专项竞技能力会提高很快，反之则会给运动员造成伤害或过度疲劳。合理选择训练的强度，寻求负荷量与强度的平衡，从而产生适应训练过程各阶段的综合训练效应，成为散打科学化训练的重要研究课题之一。

3. 兼顾负荷与恢复

运动负荷刺激作用于运动员的机体，必然会引起一系列的变化，有机体承受的运动负荷只有与运动员的个人运动能力相适应，并得到合理的恢复，才能产生训练适应。正确认识负荷—疲劳—恢复的变化规律，有助于散打教练员科学地安排运动训练。

适宜的负荷刺激会产生最佳的训练效果，只有负荷刺激达到一定阈值（本人最大负荷能力的30％～70％）才会出现训练适应过程。负荷量和负荷强度与运动员个人能力的最佳负荷值越接近，越容易出现训练适应过程。反之，负荷量和强度如果搭配不当，或超出了运动员的承受能力，则会削弱训练适应的效应。运动员的训练适应性下降，会导致运动成绩停滞不前，甚至出现过度训练的现象。要达到最佳的训练效果，应根据运动员的训练水平、不同阶段和训练量与强度之间的合理比例，选择负荷量与强度的最佳组合，促使训练适应过程正常的发展。当前的训练理论强调负荷的开始阶段就存在恢复问题，教练员在安排训练负荷时，必须同时兼顾安排恢复。

4. 控制动态变化

散打训练受到多种方面的影响，包括身体、技战术状态方面的因素，运动员情绪、人际关系和家庭因素，训练环境、场地和气候等环境因素，还有不可控的突发因素，如意外伤病等。这些因素的变化都会直接或间接影响训练效果，决定着散打训练总是处于动态变化之中。散打训练过程处于不断变化的过程中，对训练过程的变化就要施以控制，以保证训练朝着既定的方向运行。因此，必须高度重视训练信息的反馈，通过大量训练信息的科学诊断，了解散打运动员的训练效应和各种训练因素的变化，找出训练中存在的问题和薄弱环节，及时修正训练方案和计划，使训练过程与运动员的个人状态相适应，达到理想的训练效果。

二、散打运动的价值

（一）强身健体

身体健康是人生产劳动的基础，没有健康就无从谈起学习、工作乃至事业。武术散打是一个拳打脚踢外加摔的人体格斗类运动项目，其特殊的运动形式和运动规律对人的智能、技能、体能、心能的综合素质提出了较高的要求。散打是一种全身上下、内外兼修的运动，大量的实践证明通过科学的练习，可以增强人体各大系统组织功能，提高人体速度、力量、灵敏、耐力、柔韧等素质，提高人的观察、判断、思维、记忆、想象力，并延缓大脑机能的衰变，促进骨骼和肌肉的发育和生长，使骨骼变粗，骨密质增厚，提高抗弯、抗压、抗折的能力；使肌肉纤维增质增量，并改善主动肌、协同肌、对抗肌的支配力。散打运动有氧代谢和无氧代谢大强度地频繁交替进行，能量消耗、新陈代谢加剧，能够改善呼吸系统、血液循环系统的生理机能。同时练习者还能获得健美的身材，给人以健康、强壮的美感。各种技法灵机应变的综合使用能够改善神经系统的兴奋性、灵活性，提高感知觉、反应时的能力，改善人的气质和性格。

（二）防身自卫

通过武术散打运动的训练和比赛，掌握人体格斗技术，防止被他人伤害而起到作用。因散打具有的特质——技击性，无论是攻击能力还是防御能力都是其他运动项目无法比拟的。武术散打本身就是一个以人体格斗为手段，以战胜对方为目的运动项目，教练员、运动员追求的是不断地改善技击方法的合理性，不断地提高使用技术的有效性，不断地增强身体素质的优越性，武术散打运动技击对抗的本质特征，决定了在一定的条件下具有防身自卫的功能。当自身合法权益及生命财产受到不法歹徒或犯罪分子侵害时，或遇到见义勇为的社会需要时，能够大义凛然地站出来，运用散打进行防身自卫，有效地制止或制服对方，保护自己和他人不受伤或少受伤，尽显英雄本色。但是在进行防身自卫和见义勇为时，目的是制止或制服对方，不能给对方造成不必要的伤害，不能意气用事超越“正当防卫”的法律底线。

（三）修身养性

散打运动能够教化和转化人的思想境界、伦理道德、个性特征、爱好情趣、意志品质、精神状态等。散打技法的训练与运用承载着思想教育的作用，思想指引着行动，行动转化为思想，二者之间互为依存、相互影响。散打是人体格斗对抗的运动项目，练功要克服身体疼痛，练实战要克服心理恐惧、软弱，面对强手要克服畏惧、放弃，通过学练散打，可以培养战胜对手、争强好胜、力争上游的精神，培养出果敢自信、敢于直面失败与挫折，顽强拼搏、积极进取的优秀品质。武术散打以“抱拳礼”的思想教育为先导，历来注重武德的教育，要求最终达到尊师重情、兄弟友爱、守信立义、见义勇为、谦虚礼让、克己正身等高品位的人格境界。散打蕴藏着精深的技理和绝妙的技法，其中包含着各门学科的知识，如训练学、运动医学、力学、心理学、营养学等。通过学练散打，可领悟其中的含义，特别是能够亲身体验到中华民族优秀传统武术文化的精神，自身乃至整个一代人得以继承和弘扬的欣慰之感。

（四）娱乐社交

散打运动具有很强的娱乐性，当自身投入到散打运动中，做出各类极具美感的招式，或在擂台战胜对手时，其内心会充满无限快意和兴奋感。身处当今社会，来自工作、生活、学习等方面的压力很大，很多人都处于亚健康状态，经常被忧愁、焦虑、苦闷、悲伤等情绪所困扰。实践证明，练习散打可以调节人们的不良心态，增加自信心，树立良好的人生观。散打竞技比赛也极大地丰富了人民群众的生活，成为人们释放压力，宣泄情绪的一种途径。

散打源于中国，属于世界，通过以武会友和比赛交流，散打可以把不同文化背景、不同职业的人们联系在一起，促进人际交往，共同提高和发展散打运动，使更多的人了解中国散打，了解中国文化，以增进友谊，促进国际间的文化交流。

第二章　新时期散打运动理论发展探索

随着时代发展，散打运动的理论也与时俱进，不断发生变化。本章从训练新理念、教育新观念、现代科学训练理论的应用和科学竞技体系构建这几方面来研究新时期散打运动理论的发展与探索。

第一节　散打运动训练新理念

一、散打运动训练理念概论

散打训练理念具有三个特征。一是全局性和宏观性特征，散打训练是综合性、战略性的顶层设计；二是指导性和操作性特征，教练员必须遵循训练理念进行训练指导，才能提高运动员的竞技能力；三是完美性和理想性特征，训练理念本身是严谨、周密的，教练员需要通过训练实践来落实。

散打的训练内容繁多，主要是发展竞技能力的理论，涉及多门学科的知识。散打训练以人体为对象，通过身体机能的改善来适应专项运动。训练的操作过程体现出理论性、实践性、隐形性、复杂性、偶然性，因此，散打训练对教练员的综合思维能力具有很高要求。

由于散打训练理论知识多样、训练内容烦琐、训练实施复杂，对于教练员来说，提高运动员竞技能力，进行科学的控制，树立正确训练理念显得尤为重要。散打的训练理念建立在人体机能工作规律、散打的运动规律、竞技训练规律的基础之上，经历了反复实践。如果教练员没有树立正确的训练理念，那么庞杂的训练内容就会显得一团糟，就会导致训练思路十分模糊。

我国散打运动在继承和发展方针的指引下，在成为正式竞技项目的这20多年里，虽然已经培养了不少优秀运动员，但是用散打训练理念来衡量，训练的理论认识和实际操作水平还没有达到运用自如的阶段，没有达到从感性到理性的阶段。实践是理论的归途，随着指导的深入，对多年的训练进行总结，散打运动训练理念可以总结为“全面发展”“以攻带反”“突出特长”“灵巧多变”四个方面。

二、散打运动训练理念的内容

（一）全面发展

散打运动员奠定坚实基础和提高整体实力，就要在训练中做到全面发展。坚实基础能为运动员提高竞技水平提供各种条件，而整体实力则是运动员的运动竞技能力。散打运动员在比赛中击摔交加、挥拳摆腿、比智比勇，比赛的结果肯定是运动员实力的综合体现。人体运动功能系统具有的各项竞技能力，训练储备的程度越高，则整体实力越强。

散打运动员在训练中储备的竞技能力要素的数量与教练员理论的广度有关。教练员认识的理论范围越广，就有越多的训练内容可供选择。如果教练员理论水平低，训练内容无法满足运动员提高的需要，那么运动员就不会有发展与提高。

散打运动员在训练中储备的竞技能力要素的质量，与教练员理论的深度有关。教练员对每一个组成要素的原理、功能认识得越深刻，那么就越能在训练中准确把握，运动员的训练质量就越高。

所以，散打运动员训练的数量与质量组成了竞技能力要素，也是反映运动员整体实力的两个重要方面。领会竞技能力组成要素数量和质量的相互关系时，可以用运动训练的“水桶理论”来论证。运动员竞技能力组成要素的数量就像是木桶中木板的数量，木板数量越多水桶的容量就越大。而运动员竞技能力组成要素的质量就好比每块木板的高度，只要其中一块木板高度过短，那么水就会溢出来，水平面只能达到短板的高度。这说明，教练员必须重视运动员竞技能力的组成要素，不仅要注重训练的次数，还要注重训练的质量，这样才能提高运动员的实力。

散打比赛中，智能是技能的指挥系统。智能是隐形的，各种要素表现得不如技能那样直观，不容易描述，所以运动员智能训练是一项较为薄弱的环节。对于运动员的注意力、洞察力、记忆力等表现，教练员可借鉴的案例不是很多，这就更需要教练员在训练中不断发现、认识、总结运动员在智能因素上的客观表现。在全面发展理念中，要加强智能理论研究，真正贯彻落实于训练中，将发展运动员的智能水平作为提高实力的突破口。

技能是散打运动的操作系统。教练员通常很重视常规技法动作的训练，但容易忽视那些非常用技法动作的训练。常用和非常用技法动作是训练中大家总结出来的，而不是客观事物的必然结果。某种意义上来说，任何技法动作只要多加练习，在比赛中多加使用，就会成为常用技法。常用技法有两方面特点，一是动作合理，熟练性高，运用成功率高；二是比赛中多次使用。如果把所有散打技法加以练习和运用，不但能够提升整体实力，而且能够最大限度地扩大技法使用空间。因此，技能训练要在整体上练习所有技法。

体能是技能的物质系统。通常教练员注重速度、力量、耐力的训练，不太重视柔韧和灵敏训练。散打比赛中，如果想击中、摔倒对方，除了选择合理的技法外，动作必须力量大、速度快，还需出色的耐力。因此，训练中教练员往往会安排大量的时间和高负荷来发展速度、力量和耐力。然而，柔韧素质和灵敏素质也是很重要的，这两项素质不好会直接影响到身体的协调性与平衡性，动作笨拙、僵硬。特别是一些高位技法动作，对柔韧性要求很高，柔韧性较差的运动员做这些动作是很难达到效果的，甚至会影响身体的平衡。因此，在散打训练中，柔韧性和灵敏性训练也同等重要。

运动员的心能是智能、技能、体能的调节系统。虽然大家已经注意到了心理素质对运动员的重要性，但在训练中落实时依旧会感到困惑。究其原因，就是对心能具有的调节作用认识得不够。运动员的心能包括情感和意志，在训练或比赛中，如果运动员的意志和情感出现波动，则会对智能的表现、技能的选择与运用体能的操作产生消极影响。由于心能可以释放出能量，所以可采用多种手段来调动运动员的意志和情感，保证心能向正确的方向调节，确保运动员正常发挥。

散打运动贯彻全面发展理念，要正确对待运动员竞技能力要素"互为补偿"的现象。比赛中，"互为补偿"的情况是客观存在的，比如运动员速度快，动作灵活，依靠灵巧的技巧和快速的移动就能弥补力量不足的弱点。又如，运动员根据双方竞技能力要素的优劣，扬长避短地制订出相应的方案。事实来说，"互为补偿"与"全面发展"并不矛盾，运动员要全面发展，相应地也会提高"互为补偿"的水平。

在训练中，与全面发展理念相悖的情况时有发生。主要表现有注重培养力量型运动员，忽视技巧的存在，过于依赖力量，认为只要打重拳、下狠腿，才能取得优势。有的注重培养技巧型的运动员，而忽视力量的存在，认为多击中对方，如果技法打不到对方，那么力量再大也无济于事。因此，要遵循全面发展的理念，既重视力量又重视技巧，如果运动员技巧和力量都有提高，那么比赛中自然会有进步。

散打训练中，"缺什么补什么""什么差练什么"不仅是贯彻全面发展理念的有效方法，还是检验运动员全面发展的评价标准。"缺什么补什么"是针对于竞技能力组成要素的数量而言的，散打运动员的智能、技能、体能、心能中，每个结构都有各自的要素，每一个要素又包括很多内容，对照这些内容逐一检查，如果发现哪些内容没有涉及，就要在训练课中进行安排。

“什么差练什么”是针对运动员竞技能力组成要素的质量而言的，组成要素的质量具有相对性和可变性。相对性是指与其他运动员对比或者与自己相比，哪些方面有欠缺，就要加强该方面的训练。可变性是指训练后，之前掌握不好的内容得到了提高，甚至超过了其他掌握好的内容，这样之前掌握好的内容就成为掌握不好的内容，又要加强这方面的训练。在散打训练中，可以在相对性和可变性的训练过程中不断得到提高与升华。运动员水平持续提高的过程，就是一个全面发展、循序渐进、逐步完善的过程。

(二)以攻带反

以攻带反是根据人体机能工作规律、散打运动活动规律、竞技能力训练规律提出理念，它既体现出技法的先进性，又发挥出以难带易的训练作用，还能促进竞技能力快速提高。无论训练情况多么复杂，只要抓住事物的主要矛盾，问题就会随之解决，以攻带反的训练理念就很好地抓住了问题的主要矛盾。

在技法的使用上，按动作时间的先后顺序和作用性质来区分，主要有进攻、防守和反击三种形式。比赛中，率先发出动作击打对手称之为进攻；面对对方进攻，为不被对方击中而采取的化解动作称为防守；根据对方进攻的技法采取相应动作进行还击，称之为防守反击或反击。以攻带反理念中，“攻”即主动进攻，“反”即防守反击，训练中要以主动进攻的技战术为核心，兼顾防守反击的技战术练习。为了在比赛中有好的表现，结合对手情况，既可以主动进攻，也可以防守反击。

散打技法的三种表现形式，对其进行比较，主动进攻最难，反击次之，防守相对最容易。因为在运动员对峙过程中，在双方距离较远，注意力高度集中，警觉度高的条件下，如果想击中对方，对运动员技能要素都有很高的要求，而且只要进攻未果，对方就很容易进行防守和反击，因为进攻动作是对方进行防守或反击的依据，进攻已经暴露了目标，为防守或反击提供了方便。

当一方发出进攻动作后，双方就改变了对峙状态。双方的间隔距离缩短，已进入到直接攻击的范围，注意和思维更加明确，从警觉状态转移到动作使用状态。拳法和腿法的运用都有一个过程，这个过程从时间和空间上为完成反击动作留有了余地。可通过观察和思维进行正确判断，再针对性地采取行动。虽然这个过程的时间很短暂，但因为进攻是主动的，所以能做得到。如果对手发出进攻动作，防守比反击更容易，只进行闪躲、阻挡、退让就可以实现。这就是防守比进攻容易的原理。

从我国职业散打运动员运用的技术和掌握技术的发展过程来看，可分为初级、中级、高级的表现形式。初级表现是运动员不顾客观效果，盲目地使用技术动作；中级表现是以防守反击为主，兼顾主动进攻；高级表现是主动进攻并兼顾防守反击，在进攻和反击中都能有效击中对方。散打运动员的技术发展总围绕着以防守反击为基础，向主动进攻为主的方向转变。然而，这个过程十分漫长，从量变到质变。

究其原因，在主动进攻的训练中，如何能够击中、摔倒对方，需要从感性认识上升到理性认识，并付诸辛苦的努力。首先进攻技术涉及人体机能工作规律、运动项目活动规律、竞技能力训练规律，对人的要求很高。教练员对主动进攻中击打、摔倒对方规律的理性认识有多深，运动员训练的科学程度就有多高；运动员训练的科学程度越高，比赛中主动进攻击中、摔倒对方的成功率就会越高。其次是主动进攻技术的掌握难度很大，每一次运动员完成进攻动作，对竞技能力的综合运用要求很高，一项环节的不成熟都会直接影响主动进攻的质量和效果。

散打技法的进攻、防守、反击既是矛盾的对立也是矛盾的统一，三者间是相互依赖、相辅相成的，尤其是防守和反击是完全依赖于进攻的。每回合对战中，如果运动员的进攻直接击中或打倒对方，那么就不存在防守和反击，只有进攻未果情况下，对方才有防守反击的机会。从上述规律中可以得出结论，提高运动员主动进攻的能力是散打训练的主要矛盾。解决进攻这个问题，防守和反击的训练就相对容易了。因此，提高运动员主动进攻的成功率是训练的永恒主题。

以攻带反的训练理念不仅体现技法的先进性，更重要的对运动员竞技能力的组成要素具有提纲挈领作用，促进全面发展。因为要想在比赛中通过主动进攻击倒对手，对于运动员竞技能力组成要素的综合性要求很高。在智能训练上，观察对方的距离是否进入到攻击范围内，观察对方姿势状态的薄弱环节，寻找恰当时机，始终观察对方的企图，思考本方选择的技法，做出动作时，通过记忆从“武器库”中调取所需要的动作，动作做出后判断对方会怎么回击，等等，都需要通过智能训练来完成。

首先，从运动员的技能方面来讲，每个技术动作都要做到精益求精，特别是预备法，头部做到中正安舒，不能抬头也不能低头，脚尖的角度要正对对方，如果前脚尖过度内扣、后脚尖过度外摆，就做出了鞭腿动作的前兆，等于提前暴露了本方的意图，就会使自己的进攻动作很难击中对方。其次是运用技法如果想有效击中、打倒对方，在时机、技法、部位的选择和运用上、击打的技术动作上，都不能有任何瑕疵，要做到无懈可击，而且动作必须达到条件反射自动化的程度才会达到效果。

从运动员的体能方面来讲，“快打慢”“重打轻”是动作的基本规律。因此，散打的体能训练中，对位移速度、反应速度、绝对力量、速度力量都有很高的要求。因为，发出动作的时机非常短暂，时机出现之时进攻动作必须到位，否则就无法击中对手甚至被对方反击击中。绝对力量在摔法中具有重要作用，如果力量大、技术熟练就能突破对方防摔、反摔的极限，将对方摔倒在地。速度力量在拳法、腿法中发挥十分重要的作用，击中对方必须达到力量要求才能得分。击中的力量越大，具有的威慑力就越大，不但能打击对方的心理，瓦解对方的意志，甚至可以直接让对方受伤，直接获胜。

从运动员的心能方面来讲，首先，运动员的内心必须要坚定。面对强敌，如果优柔寡断，不敢出手，信心不足，想进攻又惧怕对方反击，就会影响本方进攻的质量。坚定信心并不是逞匹夫之勇，盲目地乱打一气，而是按照进攻的章法坚决出击。主动进攻技术掌握得越好，动作质量就越高，成功率就会提升，运动员的信心自然会越强。其次，运动员要形成主动进攻的意识，具有强大的进攻欲望，又有发动进攻的能力。最后，运动员在进攻中要有百折不挠、矢志不渝的精神，以顽强的意志品质追求每一次进攻的成功。

（三）突出特长

突出特长是在全面发展、以攻带反的基础上，结合队伍的实际情况和运动员的个人特征，培养拿手绝招的训练理念。所谓拿手绝招，是指运动员的某个动作技能或组合技能运用得炉火纯青，在实战中能给本方带来帮助并有较高成功率的技法。由于散打中各项技法动作对运动员机能要求的侧重点各有不同，运动员对技法的认知水平不同，有各自的使用习惯，在训练中各种技法的比重也不一样，所以运动员掌握各种技法的能力是不同的。发现、培养，突出个人特长，对于取得比赛的胜利具有重要作用。

突出特长的训练理念在内容上有两方面：一方面是形成本队的特长；另一方面各个运动员形成个人特长。不管是本队特长还是个人特长都是相对而言的，本队特长一方面是和其他队进行比较，另一方面是对本队运动员竞技能力各要素的掌握情况进行比较。个人特长的比较对象可以与其他队同级别运动员进行比较，另一种是自己与本队队友竞技能力各种要素掌握的程度进行比较。通过比较之后，就能发现本队或者本队的某个运动员有什么长处了。找到长处后，加强练习，发扬光大，就能发展为拿手绝招。

本队特长和个人特长具有多样性和可变性的特点。可变性是随着运动员能力上的提高，对方运动员的破解能力也会提高，自己的特长技术也要随之改善与革新。例如接腿摔技法中，能否接住对方的腿法是前提，在对方的腿法速度和力量都一般的情况下，既容易接腿也容易连接摔法。运动员提高训练水平后，腿法速度加快、力量加大，接腿动作出了偏差就容易给自己弄伤，因此要必须加强接腿判断力的训练。此外，还必须改进化解和缓冲对方运动员腿法力量的技术，如果接腿时机和技术运用不适当调整，接腿摔的特长技术就无法使用。

多样性是指运动员要掌握不止一项的特长技术。因为本队和个人的特长技术一旦使用后就会被对手进行研究和分析，通过之后的比赛后就会了解，找出对付的办法，并进行训练。如果不扩大特长技术范围，之后比赛中特长技术的威力就会大大减小。所以运动队和运动员的特长技术要不断地巩固与更新。培养特长技术以年度为周期，当一次重大比赛结束后，要立刻根据本次比赛的情况进行综合分析和预测，制订下一年计划时要周密考虑技术特长培养的新方案。

针对同一种姿势状态，当对方了解本方特长后，就会加强防守和反击。在这样的情况下，可以培养其他不同的技术进行攻击，攻其不备，达到得分的目的。比如将接腿摔、转身后踢腿迎击和变身躲闪反击发展为破解鞭腿技法的特长技术，对手就很难防范了。

对本队特长的培养，教练员要有预见性。所谓预见性就是利用大型比赛的契机，对所有运动队员进行技术特点分析，对运动员使用技法中存在的问题进行剖析，然后针对性地提出相克的行动方案。准确地预见和判断并制定对策后，在训练中有意识地进行培养，以便于在实战中去实践。散打的技术发展一直存在着正负两方面的表现与特征，而且会持续很长一段时间，这段时间就是技术发展的“适应期”。在这段适应期内，准确地抓住运动员正负两方面的表现与特征，预见性地提出行动方案，然后进行针对性的训练。

个人特长的训练依据两方面实情来确定。一个方面是依据运动员个人竞技能力组成要素所体现的天赋，运动员竞技能力的组成要素有很多内容，因为运动员身体机能发展具有差异性，对不同技法的感知能力不同，所以每个运动员的竞技能力组成要素发展是不平衡的。比如在竞技能力上，有人绝对力量足，有人速度力量好，有人擅长拳法，有人踢技好，有人摔法出色，等等。教练员将运动员的天赋利用起来，针对性地训练成专长，使其发展到极致，从而形成个人的绝招。

在全面发展理念基础上，力量素质优秀的运动员可培养力量型打法，耐力优秀的运动员可培养主动进攻加组合连击的打法，心智优秀的运动员可培养多点进攻的打法，矮小灵活的运动员可培养近战打法，身材高大的运动员可培养远战打法。有些运动员因为天赋，对某一个动作或几个动作有很强的感知能力，一学就会。每个优秀运动员都有自己的特长，所以在散打训练中，教练员要因势利导，针对性地采取各种措施，不断练习、巩固、熟练、完善，使个人特长发扬光大。

本队特长和个人特长都需要长期训练后才会形成，运动员形成特长的决定因素是教练员对散打运动员竞技能力组成要素的认识程度，对散打技术发展趋势的预测，对其他运动员分析，对本队运动员的了解，教练员的训练指导等。突出特长理念在训练全面发展、以攻带反的训练有机结合，在一个训练周期中，有时以全面发展训练为主，有时以以攻带反训练为主，有时以突出特长训练为主。虽然训练的侧重点不同，但不同理念之间绝对不是彼此分开的，各种训练要做到相互促进、有机结合。如今，我国散打运动员技术水平普遍提高，实力更加接近，竞争愈发激烈，各队普遍掌握各种技法，如果还进行程序化的训练，面对新形势、新情况无法产生新方案、新方法，不能培养运动员的技术特长，就无法取得好成绩。

（四）灵巧多变

灵巧多变是在进行全面发展、以攻带反、突出特长的训练之后，体现散打运动的最佳状态和运动员取得最佳成绩的训练理念。该理念不仅仅是为了运动员能获得胜利，更重要的是站在宏观角度，使散打运动体现出博大精深的技术内涵，使散打运动项目具有鲜明的风格与特点。这个训练理念涉及运动员如何充分体现散打运动模式的基本原理与制定散打竞赛规则的基本原理，散打运动的文化内涵等。因此，灵巧多变的训练理念对散打运动的继承和发展意义重大。

散打是我国人民几千年以来在军事斗争、生产斗争、社会生活的实践中，以传统文化为理论基础，以人体格斗为核心内容，通过不断探索积累演变而成，形成了独特的中国式技击技术体系、理论体系，具有浓厚的人文精神。技术体系以踢、打、摔为主干，近用拳，远用腿，贴身用摔法，在对抗的不同空间都有相应的办法。理论体系以相生相克的技法原理为主，各种拳法、腿法和摔法之间存在相生相克的关系，充分反映出唯物辩证法的规律。人文精神以儒家思想为主，人体格斗技术突出“以巧制力”。

灵巧多变作为散打运动的技术体系、理论体系和人文精神，通过运动员的比赛行为能反映出散打项目的最高境界。散打技术体系中的技术动作为散打技术的灵活多变提供了广阔的空间和丰富的手段。理论体系中相生相克的原理，为散打运动状态的灵活多变提供了技法操作的基本思想。人文精神中的“以巧制力”，为散打技术思想指明了发展方向，使暴力、野蛮的表现形式，通过技巧使用的升华达到艺术的境地，这既能保证运动员的安全与健康，又能令观众赏心悦目。

中国式人体格斗的技击技术体系、理论体系和人文精神，充分体现在散打的运动规则中。散打运动竞赛规则规定运动员的头、躯干、下肢都是有效得分部位，踢、打、摔等方法均可使用。散打竞赛规则为了使人体格斗技法动作攻击目标的时间与空间，技法动作相互作用的时间与空间达到极致。散打竞赛规则的这些规定，为全面、真实地反映中国式人体格斗丰富多彩的技击内容，为运动员体现出独特的中国式人体格斗提供客观条件。

人体格斗技法攻击目标的时间与空间,体现在身体的不同部位上。散打技击理论把人体攻击目标分为三个部分,“头部为上盘、躯干为中盘、下肢为下盘”。“三盘”理论一方面指出攻击人体的各个部位有不同的专用技法,指出了不同的技法攻击与不同攻击目标的对应关系;另一方面指出不同技法与不同攻击目标之间具有辩证关系,运动员在掌握各种技法后,出现相应的时机后,才能做到上、中、下不同攻击点的交叉进攻。“三盘”理论充分体现了丰富多彩的散打技法理论,还体现出多元化的散打技法攻击目标。

不同攻击目标与相应的不同攻击技法,从时间和空间的角度来分析,拳法攻击对方的“上盘”和腿法攻击对方的“下盘”的动作抵达时间是最快的,腿法攻击对方的“中盘”动作抵达时间次之,攻击对方的“上盘”动作抵达时间是最慢的。但是,运动员如果采用固定的技法,攻击对方相同的部位,容易被对方摸透和防范。如果运动员对上、中、下三个攻击目标,采用不同的技法轮番攻击,技法和攻击点的不断变化,就能让对方防不胜防。

人体格斗技法动作相互作用的时间与空间,表现为技法相生相克的对应关系。不同的拳法、腿法、摔法间都可以相互克制,不同种类技法之间也可以相生相克。灵巧多变就是利用不同动作技法之间存在的时间差、距离差、重心差、力量差、支点差、力矩差、惯性差、轨迹差等,结合技术的时间、空间原理和相生相克原理,进行借力破力、借力打力,借用双方的合力,以最小的消耗达到最大的作用,最高境界是“引进落空”“四两拨千斤”。

运动员技法运用得越准确,动作间相生相克的对应关系越合理,那么表现出的技术效果就越巧妙。比赛中,运动员寻找战机、制造战机、利用战机、内动抢攻、小动迎击、大动打反击、真假虚实,不断体现出随机而动、见机而发、机不可失、时不再来,高度契合灵巧多变的理念。所谓“以巧制力”“以巧制快”“以巧取胜”,不但反映出散打运动本身具有的最佳技术状态,体现出技术运用的合理性和有效性。事实证明,灵巧多变的手段是比赛取得好成绩的必要砝码。

运动员灵巧多变地使用技法表现在三个方面:一是攻击目标的变化,散打运动的攻击目标有头部、躯干、下肢三个部位,运动员可对这三个部位的目标轮番进攻;二是使用技法的变化,运动员掌握的技法要富有变化,尤其是要全面掌握腿法和摔法,直线型和弧线型的腿法要运用自如,摔法应对不同的拳法和腿法都能进行破解;三是战术使用的变化,散打的战术形式以主动进攻为主,无论是多点、佯攻、迂回、强攻、直攻、重创等战术都要熟练掌握并运用。

人体格斗的攻击武器是四肢。预备姿势习惯于左脚在前、右脚在后的运动员,平时以左预备姿势进行训练,长期训练后右边的冲拳、鞭腿和左踹腿相对来说就能熟练运用,反之亦然。但比赛中经常出现适合右脚在前的进攻时机,由于平时缺乏右脚在前的进攻练习,因此很难发出攻击动作,即使强行发力攻击也不会形成威胁。这种情况是自己限制了自己的进攻,自己禁锢了自己的"武器",既不能做到在任何情况下都可以发出攻击动作,又体现不出灵活多变的技术风格。因此,平时训练左、右预备姿势发出动作的能力需要同步增长。

灵巧多变理念体现出对散打运动的状态、运动员使用技术的结果的描述与评价。这种形容和评价看起来十分抽象,其实涉及灵活、巧妙、多变这三方面的内容。这三方面内容相互关联,但所指的内容主体并不相同。灵活主要是运动员在不同运动状态下表现出的敏感性;巧妙主要是指合理运用各种技法;多变主要是指技法变化的范围和频率。灵巧多变理念对运动员竞技能力的综合性提出了较高要求,从智能上来讲,观察力、注意力、思维力、记忆力、想象力都要达到合适的程度。从技能上来讲,时机、技法、部位的选择,内动抢攻、小动迎击、大动反击的具体实施必须要到位。从体能上来讲,各项身体素质的发挥都要为技能的运用提供充足保证。从心理上来讲,勇敢顽强、沉着冷静、意志坚定、不急不躁等基本意志品质，通过人体格斗训练和竞赛才能获得。

从上面的分析和阐述能够看出，灵巧多变理念不仅只是为了表现出散打运动的技术风格，更重要的是将灵巧多变作为达到最高境界的一个训练目标。按照目标管理的训练理论，灵巧多变不仅是技法训练的一项内容，更是一种孜孜不倦的追求。由于中国散打技术体系、理论体系、人文精神具有丰富内涵，训练目标中，取得竞赛的名次显然是远远不够的。将灵巧多变的具体内容作为追求的发展目标，有利于提高运动员训练的积极性和主动性。运动员在技法运用上做到了灵巧多变，那么技术水平达到最高层次、比赛成绩处于顶峰就是事物发展的必然结果了。

第二节　散打运动教育新观念

随着我国体育教育事业不断发展，相继提出了很多新的观念，如“健康第一”“终身体育”“以人为本”等。对于散打运动员来说，其在学习过程中受到的教育和未来职业发展是息息相关的。本节主要阐述关于散打运动教育的全新观念。

一、健康第一

（一）健康第一的含义

“健康第一”在体育教育中是一个重要的观念，体育教育的根本目的是提高运动员体质水平，而在发展和提高身体素质的进程中，必须始终树立“健康第一”的观念，不能为了追求体质发展和提高而将身体健康置之度外，这在散打的训练和教育中是十分重要的。

(二)健康教育的主要任务与目标

1. 适当调整教学或训练内容,普及科学的锻炼知识

健康教育的主要目标之一是帮助运动员建立主动参加体育锻炼的意识,从而全面提高体质水平。另外,在体育教育中要根据运动员的体质健康情况,结合学校的实际情况,允许运动员自由挑选他们喜爱的活动。运动员自愿参与到自己喜欢的活动项目中,进而掌握健身方法与技能,最终就能养成终身体育锻炼的习惯。在体育教学和训练中,要结合本校的具体实际合理调整内容,不断丰富和完善运动员的体育理论体系,为运动员的身心发展建立充足的基础。

2. 进一步完善体育与健康教育体系

体育学科涵盖了丰富的理论知识体系,在体育教学与训练中渗透着体育人文学、运动人体科学、健康教育学等内容,所以人们的锻炼具有科学性和人文性。关于运动员的体育教育,应不断提高运动员对体育课的兴趣,不断丰富与完善体育与健康教育的体系,使运动员充分认识到健康教育的意义与价值。另外,体育教育还应增加促进运动员身心健康发展的常识性内容,如远离毒品、不抽烟、不饮酒等,以帮助运动员形成良好的作息习惯,保持健康的心理,这对于运动员的身心健康发展具有重要的意义。

3. 深刻贯彻“健康第一”的指导思想

现代社会进入到高速发展的阶段,各行各业的竞争日趋激烈,在这样激烈的竞争环境下,仅靠丰富的理论知识是不能适应这种变化的。在这个时代发展背景下,国务院提出了“健康第一”的指导思想,就是要求学校教育要培养出身体健康、心理过硬、具有竞争意识和团结协作精神的高素质人才。体育教育理念要从过去单纯的“增强体质”为主转移到“健康第一”的新型发展观念。

4. 服务于体质健康发展

在"健康第一"的指导思想下，运动员的体育教育观念要彻底改变，要认识到体育教育的真正目的是发展身心健康，培养对社会有益的全面发展的人才。在"健康第一"的思想观念指导下，运动技术是提高运动员身体素质的手段，但也要掌握运动卫生、体育保健常识，形成自我保护的意识。

5. 服务于心理健康发展

体育教育中，心理健康教育是至关重要的一项内容。如今在学校教育中，运动员的课业负担居高不下，还有一些其他的问题，如青春期运动员生理上的变化、未来走向社会的就业问题等，产生的心理压力也越来越大，因此，体育教育要高度重视心理健康教育。学校体育教育的组织形式比较灵活，制定的体育发展目标因人而异，能全方位地评价运动员的运动能力，对运动员心理素质的提高具有一定帮助。

6. 服务于社会适应能力的提高

在学校教育中，体育教育让运动员懂得包括散打在内的体育竞技都是在一定的规则约束下开展的，整个比赛过程要体现出公平、公正、公开，这对于运动员形成融洽的人际关系，增强集体的团队凝聚力，加强自我心理调节能力，培养社会责任感，遵守社会道德都有重要的意义。因此，在学校教育的发展过程中，将体育教育作为一门重要的教育工具，并深入挖掘其具有的教育价值，才能贯彻"健康第一"的教育理念，促进运动员素质的全面提高。

二、终身体育

(一)终身体育的含义

20 世纪 70 年代，日本学者早川太芳第一次提出了"终身体育”的观念，20 世纪 90 年代初，这个观念传入到中国。所谓终身体育，指人们在一生中所进行的科学有效的身体锻炼和受到的体育教育的总和，随着出生而开始，随着死亡而结束，是人们对体育教育与锻炼存在的意义在理性思辨上的根本改变。通俗来讲，就是贯穿于人类一生的体育活动或体育教育过程。一般情况下，终身体育教育可以分为三个层次，即学前体育教育、学校体育教育和社会体育教育。其中，学校体育是终身体育教育中的重要一环，青少年时期要充分利用好体育课程，努力提高自己的体育水平。

随着现代社会的不断发展，竞争的日益激烈，这对即将走向社会的大运动员群体提出了更高的要求，要求他们不仅要有丰富的知识和良好的品德，同时还要具备健康的体魄和过硬的心理素质。大量事实表明，体育锻炼不仅能让人拥有健康的体魄，还能促进心理健康水平的提高。一般来说，人们对身体发展的要求主要是对健康的需求，这与学校体育教育中的健康体育观念有着相似的观点，也为终身体育增添了新的动力，有利于终身体育观念的贯彻落实。

人类跨入到 21 世纪之后，处于一个飞速发展的时代，不论是学校体育教育、社会体育教育还是竞技体育教育，一定要树立“终身体育”的观念和意识，形成主动参与体育锻炼的习惯，将体育锻炼贯穿生活的点点滴滴，形成良性循环，最终实现终身体育的发展。

(二)贯彻终身体育的意义

终身体育的产生和发展对整个社会来说都具有积极的意义。大量的实践表明，终身体育对社会发展具有重要的促进作用，而现代社会的快速发展也使我们需要终身体育来发展自我。总体来说，贯彻“终身体育”的观念是社会发展到一定阶段的必然趋势，具有划时代的意义，这种意义具体体现在以下几个方面。

1. 提倡终身体育思想,满足现代化社会发展的需要

在现代社会下,体育事业的发展离不开终身体育,因此要将终身体育重视起来,当成一项重点工作任务来进行。在如今的社会背景下,社会劳动力是由不同年龄段所组成,都面临着如何保持自己的体质水平来从事工作需要的问题。创造更多的劳动价值,需要依靠人才更新各种科学技术,提高社会生产力。而人才要想保持身体经常处于最佳状态,就要通过体育运动健身,以提高自己的体质水平。随着现代社会的不断发展,人们经常把从事身体锻炼作为一种重要的生活方式,这是人类文明发展的必然。如果在一个国家中所有国民都能做到每天进行锻炼健身,养成终身锻炼的意识和习惯,那么对国家发展和民族进步,实现现代化发展具有重要意义。

2. 迎合终身教育思想,促进学校体育改革

终身体育思想的形成与发展是终身教育思想发展的必然结果。长期以来,我国学校体育教育深受应试教育的影响,格外注重运动技能的培养,而忽略了理论知识的传播和道德的教育,严重影响了体育教育的质量和效果,这在散打的教学课程上也有体现。通常情况下,随着学业的结束,运动员毕业离开学校,他们的体育锻炼也随之结束。而终身体育则注重对运动员各方面能力的培养,培养运动员的体育兴趣和体育爱好,促使运动员养成主动锻炼的习惯,注重运动员掌握系统的体育基本理论知识和科学的身体锻炼方法以及检查评定方法,形成终身体育的意识、能力、思想与习惯,对运动员自觉、自愿参加和组织体育活动的能力提出了更高要求。在新的时代背景下,终身体育思想观念的提出,为学校体育教育改革指明道路,极大地推动学校体育教育的发展。

3. 满足体育生活化的社会发展趋势的需求

在现代社会背景下,体育和人们生活之间的界限愈发模糊,

形成终身体育的观念和意识，规律性地参与到体育锻炼，提高对体育锻炼的认识并形成自觉自愿的锻炼风气，这是社会发展的必然趋势。终身体育观念和意识的形成，对推动大众体育的发展和促进文化交流起到积极的推动作用。终身体育充分注重个人发展，并且着眼于人的一生中的不同年龄阶段、不同的生活环境、不同的职业特点来选择不同的内容和形式进行锻炼，终身获益，这种大众体育活动才是真正意义上的普及活动。但需要注意的是，因为各种因素的制约与影响，我国每年开展群众体育活动的次数相对有限，体育锻炼的实效性也不高，这需要采取必要的手段和措施来加快群众体育的发展。总之，倡导终身体育不仅是发展群众体育的有效途径，同时也是实现我国体育生活化的社会发展趋势的要求。

4. 终身体育的发展能积极促进经济建设

体育事业发展受到诸多社会因素的制约，其中经济是影响最为严重的一方面。随着现代社会的不断发展，以及国家经济不断取得成就，人们逐渐认识到体育与经济的关系，意识到经济是体育事业发展的重要因素，反之体育事业发展也会相应推动经济的上升发展。在现代经济不断发展的背景下，人们的终身体育思想得到极大地强化。在现代社会背景下，社会对体育的需求是体育发展的动力，而经济的发展又促使社会对体育发展提出更高要求。与此同时，经济发展也为体育事业的发展提供了经济投资的可能，终身体育的发展也为经济发展提供充足的动力，这对社会经济建设具有积极意义。

三、以人为本

（一）以人为本的内涵

“以人为本”充分贯彻科学发展的教育观念，对我国体育教育的发展具有重大的指导意义。“以人为本”中,“人”既是个体,又是群体,既有自然属性,又存在社会属性。体育教育要建立在以人为本的基础上,坚定不移地实施科教兴国战略和人才强国战略,不断满足人民群众不断增长的教育需要。

我国早在商周时期就有人提出了“民本”的思想,认为人民是国家发展的基础。到了春秋时期,儒家推崇“仁者爱人”的思想,战国时期,齐国宰相管仲提出“以人为本”的治国方针,孟子倡导“以民为国家之本”等思想,都与“以人为本”的思想有着深刻的渊源。当然,我国古代传统的民本思想与今天的“以人为本”的理念与思想实际上是不同的,二者之间存在一定的差别。

在西方世界,古希腊时期已经出现了“以人为本”的观念与思想,而其真正形成则是在意大利文艺复兴时期。19 世纪初,德国哲学家费尔巴哈率先提出了“人本主义”的口号。发展到现代,一些人本主义哲学家采取了非理性主义方法,进一步完善了人本主义体系。受人本主义思想的影响,西方教育思想在教育观念、目的、内容和方式等方面产生诸多变化,促进了现代体育教育的发展。

当前,我国采取的教育思想是建立在马克思主义以及关于人的全面发展的理论基础上,结合我国国情形成的完整而科学的以人为本的教育价值取向。“以人为本”的教育思想对我国实施科教兴国战略以及“中国梦”的实现都具有重要的意义。

(二)建立“以人为本”教育观的意义

进入到 21 世纪,人才成为社会发展的重点要素,我国在实施科教兴国等战略上,要加强体育教育改革,实现人与社会的和谐、全面发展。在现代社会不断发展的背景下,各学校要坚持“以人为本”的教育思想,这是体育课程改革的必然要求。贯彻“以人为本”的教育理念,对学校体育教育的发展和青少年的身心健康发展具有重大意义。

目前,我国的学校教育发展速度不断提高,体育教育也顺应时代发展的潮流,不断更新教学观念,以科学的、合理的、人性化的教育观念切实促使体育教育发展。运动员在终身体育理念的引导下,在贯彻"以人为本"的教育观念中,身心健康、体质健康、社会适应能力等方面都得到了进一步的发展。

第三节　现代科学训练理论在散打运动中的应用

一、板块周期训练理论在高水平散打运动员训练中的应用

(一)板块周期训练理论概述

板块周期训练是指一种高度专项化集中式训练负荷的周期训练模式,即由几个训练因素组成一种具有专项功能的单元,并且具有各单位间彼此紧密联系的关系。发展多种素质的高度指向性训练不能在同一时间进行,这是传统训练周期无法实现同步发展能力的缺点,而板块周期训练就是一种更好的选择。对于任何运动项目,都需要运动员形成多种素质能力,而这些能力只能一次连续发展而不是同步发展,是传统与非传统训练周期都无法满足的条件。运动员机体的形态、组织和生物学改变过程大约需要 2～6 周的训练时间,训练时间大概等于一个训练的中周期。因此,这种训练板块在很大程度上就是中周期板块。

(二)散打板块中周期训练理论体系的构建

1. 积累中周期

大多数运动项目发展的基础能力是有氧耐力与肌肉力量,这两种能力的发展需求大量时间而形成于变化,为了使这种生理适

应发生,运动员需要大量时间。在散打运动中,运动员的肌肉力量非常重要。而对于一般体能已经达到很高水平的散打运动员来说,他们只需用相对较短的重点负荷训练来实质性地改善这些能力。影响中周期长度的两大主要因素分别为:要有充分的时间获得目标运动能力所期望的训练积累效应;赛程决定了时间限制。比赛日程的局限性对运动员中周期的训练计划带来了巨大影响,尤其某一比赛末期,此时重要赛事间隔短且接踵而至。而需要充分时间获得靶目标运动能力的积累效应降到最低,不能起到运动员的能力积累的作用。为此,必须要确定中周期的最佳持续时间,这一时间要充分获得期望的能力变化,而且不能太长,否则会影响下一个中周期的按时开始。在比赛开始的前期,比赛日程对于运动员的训练影响较小,中周期的持续训练完全取决于教练员的想法,而到了中后期,训练阶段的顺序与持续时间都会受到重大比赛时间的影响。

2. 转换中周期

转换中周期包含最大的专项训练负荷量,根据板块周期核心理论,这种周期理论的主要思想是把基础能力训练转变为专项化技能能力训练。在转换中周期中,运动员能力更加专项化,转换期核心训练与比赛赛程活动严密结合。而这一结合的效果就是使发展型的训练负荷项目强度相对提高,而且使一般运动训练负荷量也较之增加,使训练基础能力与专项化技能能力增强。因此,这个阶段的中周期是运动员训练负荷最大的,且最为疲劳。因此,教练员对于散打运动员负荷训练的恢复手段与身体负荷监控都要严格执行。

而对于现阶段国际国内重大赛事的频繁举行,这一训练周期,易使运动员在赛事比赛前受到训练负荷疲劳积累的重大影响。所以转换中周期的时间持续长短,要依照国际国内的重大比赛日程安排而决定,并且要充分运用缓解恢复周期与有氧恢复板块来避免运动员的过度疲劳,避免运动员因为大量运动负荷而造成比赛成绩不理想。

在此前的积累中周期中，训练痕迹的存在和复杂的训练负荷对于积累中周期有着相当大并且多种而复杂的影响。而且由于此前的训练痕迹会带给运动员大量的消耗与力量负荷潜能，会从根本上导致运动员比赛水平下降，从而影响比赛成绩。因此，这种矛盾代谢的产生，必须利用板块周期来调节，在转换周期中安排一个较微小或较短期的有氧转换周期。

3. 实现中周期

实现中周期，在传统训练周期中，称为赛前减量训练。在传统训练周期中，实现中周期是刺激运动员创造好成绩的方法之一。但是这种方法，只被用于重大比赛之前，比较缺乏普及性。而根据板块周期理论，实现中周期是构成每个训练阶段的结束部分，它的主要目的是使运动员在比赛前获得竞技能力的最高峰值，而这一点使它和传统意义上的赛前技术训练没有任何区别。因此，在这一阶段中，散打运动员的各项竞技能力都得到了有目的的提高，这对于运动员取得理想的比赛成绩具有重要的意义。

在散打运动员训练的过程中，每一名运动员都需要建立针对个人训练的负荷标准，借助这个标准进行负荷检验、身体整套数值指标，运动员与教练员可以充分了解他们对于训练而产生的各种身体反应，提前进行积极的自我调整与恢复。实现中周期中运动员在赛前可以获得竞技能力的最高峰值，而最高峰值是运动员快速进入恢复状态，获得超量恢复状态的有利条件。

二、多元智能理论在散打教学训练中的应用

（一）多元智能理论的内涵

心理学家加德纳认为，人类智力的不同组合方式形成了不同的智能类型，每个人都是由不同智能组合而成的。

(1)言语—语言智能。这种智能主要指语言和文字表述的能为,具体指能够利用语言简练地说明事物、表述情感、交际沟通的能力。

(2)逻辑—数理智能。这种智能主要指逻辑推理分析的能力,表现为辩证思维、抽象与具体概括能力及通过归纳总结、分析统筹认知等能力。

(3)音乐—节奏智能。这种智能主要是指个人对音乐的节拍、旋律、风格、内容的领悟识别及靠音乐表达情感的能力。

(4)视觉—空间智能。这种智能主要是指判断、定位、调节和识别空间模型并表达空间感知的能力,表现为对空间点、线、面、视觉效果和空间方位的感知能力及将视觉印象与空间感知在脑中构建空间模型并迅速定位的能力。

(5)身体—运动智能。这种智能主要是指身体运动能力,擅于运用肢体语言及出色的行动力和实践能力,表现为稳健的身体机能、出色的肢体语言表达。

(6)自知—自省智能。这种智能主要是指具有自控、自我反省的能力,表现为自我调节情绪变化,自我意识、自我反省、自我分析把握内心所需,并可客观地做自我评价、自我剖析和自我调控的能力。

(7)人际—交往智能。这种智能是指主动或乐于与他人交流沟通并理解他们内心感受的能力,表现为对他人情绪、语言和肢体语言的感知力,参与人际沟通及做出合理的回应能力。

(8)自然—观察智能.这种智能主要是指辨别自然万物、洞悉事物变化的能力,表现为对各种环境形态的分析洞察力,并汇总运用的能力。

(二)多元智能理论在散打教学训练中的具体应用

1. 语言智能的应用

(1)在训练过程中多提出问题并展开讨论,多鼓励运动员多发言,锻炼运动员的语言表达能力。

(2)设计运动员展示环节,运动员之间互评,培养运动员提意见和学会倾听的能力。

(3)在练习环节,使用分组练习模式,提高运动员之间的沟通交流能力。

2. 逻辑—数理智能的应用

(1)在动作和技战术学习中,遇到疑难情景,确定疑难、提出假设、进行推理和检验。

(2)针对学习中的问题,要求运动员判断正误,进行能动的思考、独立思考并学会与他人交换意见。

3. 视觉—空间智能的应用

(1)训练场地设施保持整洁有序,借助于多媒体、图片和互联网等强视觉刺激。

(2)注重教练员的肢体动作、手势、口令、面部表情、目光扫视等非言语行为。

4. 身体—运动智能的应用

(1)编制情景剧,小组节目展示促进运动员的身体动觉智能。

(2)让运动员用身体动作来展示对教练员口令和动作含义的理解。

(3)通过体育游戏和条件实战,提高运动员控制身体的能力。

5. 音乐—节奏智能的应用

(1)播放背景音乐提高运动员热身活动和身体放松的有效性。

(2)选用音乐进行搏击操学习,提高运动员的音乐节奏智能。

(3)利用音乐活跃课堂气氛,激发运动员学习的积极性。

6. 人际—交往智能的应用

(1)运动员协同成就分阵学习。

(2)协同游戏竞赛。

(3)在散打训练过程中培养运动员团队精神、相互理解和尊重。

7. 自我认知智能的应用

(1)大声思维法。

(2)六色帽法。

(3)发挥运动员学习主动性,学会自我评价、认识自我。

三、现代核心部位训练理念在散打训练中的应用

(一)现代核心部位训练理念概述

现代核心部位训练的理念主要来源于核心力量训练理念,传统武术核心力量训练理念主要是针对散打运动员格斗过程中起重要作用的肌肉和肌肉群加强训练,以确保散打运动员击打力的提升,目的在于提高散打运动员技术的精深。而散打运动员在竞技格斗过程中,每一个散打动作的完成都需要调动全身的肌肉来进行,仅仅针对核心力量的训练已不能满足现今武术散打运动的要求,因而旨在通过训练散打运动员身体核心部位以提高运动员自身的稳定性和平衡性,进而增强散打运动员的格斗技能的运动员核心部位训练理念就应运而生了。

核心部位训练指的是通过系统有效的方法训练运动员身体核心部位的肌肉,进而增强运动员身体的平衡性和稳定性,使运动员在做出技术动作过程中的上下肢之间支撑点的平衡性和稳定性达到最优的训练方法。平衡性和稳定性是运动员运动过程中非常重要的因素,对于武术散打运动员来说,身体核心部位较高的平衡性和稳定性为其武术动作的最后发力提供了良好的支撑和力量的增强。因此,我们可以看到,对于运动员身体核心部位的训练目的在于通过对脊柱及骨盆的肌肉群的训练,来加强运动员整体动作发挥的有效性。

(二)散打运动员核心部位训练方法

武术散打运动员训练核心部位的目的在于通过加强对身体核心部位肌肉群的训练,确保运动员在发力的过程中能够调动全身的肌肉群,进而使力量的发挥更加稳定。根据散打训练难度的不同,对于散打运动员身体核心部位的训练主要有以下几种方法。

散打徒手训练,即不采用任何器械的训练方法。这种方法适用于散打运动员进行核心部位训练的初期。主要的训练手段有:俯卧肘支撑、俯卧支臂撑、支臂拳卧撑、仰卧肘支撑、仰卧两头翘、侧卧曲臂撑等,是循序渐进、逐渐增加难度的。

根据散打运动员自身身体的素质,前期的徒手训练一般在7周左右。采用这一训练方法的目的在于提高运动员对于自身重量的克服,进而提高运动员对身体重心的控制力。

利用器械进行核心部位训练,其目的是为了提高散打运动员身体的稳定性,是身体核心部位训练的第二阶段。采用的辅助工具主要有:不稳定器械如小蹦床、平衡板、滑板、气垫等;球类工具如练习球、健身球、瑞士球;悬吊训练、振动训练如振动杆、弹力棒等。运用不稳定器械是为了提高运动员身体在稳定和不稳定状态中的切换熟练能力。运用球类工具是为了增加运动员身体的平衡性训练,使运动员的主体躯干能够很好地传递上下肢之间的力量。对运动员进行悬吊训练和振动训练是为了提高身体核心部位的小肌肉群的训练,从而提高运动员身体的柔韧性,身体柔韧性的提高不仅有助于减少关节部位的损伤,提高身体恢复伤病的能力。

同时,在具体的训练中,还可以通过悬吊训练和振动训练,也能够增强运动员腿部的柔韧性。散打运动员的许多动作都是要通过腿部来进行,通过悬吊训练和振动训练能够有效地训练腿部的协调性和柔韧性,这是传统武术散打训练所不能比拟的,弥补了传统武术散打训练方法的短板。

第四节　散打运动科学竞技体系构建

散打运动作为我国正式的竞技体育项目之一，需要形成科学的竞技体系，并推动项目的繁荣发展。本节围绕人才培养、伤病防治和赛事开发与运营这三个方面来研究散打运动科学竞技体系的构建。

一、散打运动人才培养

目前，关于散打运动后备人才的培养机制还不够健全，在培养体系中存在一定的问题。在这方面，本书查阅了相关学者的文献，列举了散打后备人才的研究现状，并对散打运动后备人才的培养提出相应的对策。

（一）散打后备人才研究现状

（1）陈星、谭宋梁[①]认为，影响散打后备人才的主要因素是就业制度、社会保障、选材和训练的科学性问题。他们认为，散打运动的普及和提高必须重视学校的推广与传播，加强散打运动员的武德修养教育，协调好他们训练与文化课学习间的矛盾，加强并完善社会保障机制。

（2）蔡言国曾对散打后备人才中教练员和运动员的实际情况进行分析[②]。研究表明，我国散打教练员存在年龄结构不均、知识结构不完善、科研能力一般的问题，还存在教练员收入太低，所以积极性不高的状况。此外，教练员岗位责任制度不明确，广大散打教练员从数量和质量上都不能保障训练指导的持续和业务水

---

① 陈星，谭宋梁．影响我国武术散打后备人才资源的主要因素分析[J]．体育科技文献通报，2008(08)．

② 蔡言国．山东省武术散打后备人才现状分析及对策研究[D]．北京体育大学，2006．

平的提升。教练员的质量、数量和配备方法不科学，用于散打事业发展的资金不足。为此，应加强教练员的执教能力，优化教练队伍结构，通过培训、进修等方式增加教练员的知识面，提高他们的科研水平，更好地促进训练指导。散打运动员文化水平低、就业面窄的事实还没得到改观，因而积极性不高，从而导致后备人才在数量和质量上都无从保障。此外，运动员的思想品德教育、医务监督及人身保障也很不完善。

(3)郭发明①认为，我国散打运动人才培养上遇到的最主要问题是赛事数量少、参赛运动员人数少且水平较低、经济效益和社会效益较差、运行机制单一、技战术水平不高。因此笔者认为，要对现有的运行机制进行改革，建立科学竞赛体系，加大媒体宣传，通过赞助等形式提高经济效益，加强散打运动理论研究，科研与训练相结合。

(二)散打运动后备人才的发展对策

1. 加强散打后备人才的文化学习，使训练与学习并行发展

首先，主管部门一定要认识到运动员文化学习的重要性。文化课学习是青少年成长历程中必须经历的部分，所以散打后备人才也要和其他运动员一样，进行文化课学习，散打学校与其他学校同等要求。

其次，赛事主管部门要合理安排比赛时间，将比赛安排在周末和寒暑假期间进行，避免与文化课学习产生冲突。加大文化课的学习时间，做到训练和学习合理分配，在比赛前期或是集训时间协调好文化课的安排，对于比赛和集训占用的时间在休息时间及时补上。

再次，改善运动员的文化课学习氛围，可以把运动员安排在普通班级中，使他们在浓厚的学习氛围中不落下文化课程。组织

① 郭发明．山西省武术散打运动现状与改革设想[J]．搏击·武术科学，2008，(08).

散打生与普通生结对子的活动，以帮助散打运动员提高学习兴趣。

最后，加强运动员文化学习管理，将文化课成绩与外出参加比赛的机会挂钩，促使他们意识到文化课学习的重要性。

2. 建立严格的教练员选拔与培训制度

建立严格的教练员招聘制度，如对学历、证书的要求等，提高从业的门槛，对其执教能力进行定期考核，督促教练不断提高个人水平。多方面制定教练员鼓励制度，对做出突出贡献的教练员要重点提拔，并予以重奖，不断提高他们的工作积极性。

教练员是训练的主题，运动员能否成功，能否取得成绩，教练员有着不可回避的责任。因此，要让教练员走在社会的前沿，提高他们的训练水平，而这需要培训和进修学习来实现。主管部门要让对教练员的培训和进修学习形成一种长期的机制，并建立相应的制度。可以通过“走出去”和“请进来”的方法，定期让教练员参加培训班，也可以聘请行业专业人员过来讲学。对于教练员的进修学习，主管部门要放宽限制，使他们有更多机会提高文化知识水平。

3. 通过政策扶持，加大运动员出路保障机制

针对散打运动后备人才薄弱的局面，除了科学化训练、提高成材率之外，还应建立运动员出路的保障机制。比如和体育院校联合办学，建立长久的人员输送渠道；还可与社会相关单位联合办学，取得社会企业的资金扶持，拓宽运动员的出路。运动员要对文化学习有足够的重视，与社会接轨，在散打比赛方面如果没有出彩的成绩，也可以考取高等院校来解决自己的今后发展。政府主管部门应该做好相应的政策保障支持，很多就业出路应该加宽对散打运动员的就业支持，如高校的录取，应该降低相应的门槛，增加运动员的出路。

4. 建立科学合理的运动员选拔制度

各级训练单位要对运动员的选拔提高认识，把运动员的选拔培养和输送作为教育宗旨，通过提高认识、加强管理来制定出科学的选拔体系，使运动员选拔建立在科学化的基础之上。通过对教练员的培训和进修学习，提高教练员的科学文化水平，使教练员在选拔运动员时更科学，避免经验主义。同时要完善运动员选拔制度，加大选拔力度。

5. 训练与科研紧密结合，使训练更加科学化

教练员要充分注意到训练的科学性，使训练理论充分联系实践，将经验性和科学性很好地结合在一起。在加强自身基础性建设的基础上，在有偿服务的原则下，加强与相关高等院校、科研单位的合作与交流，使散打训练更科学。鼓励运动员外出进修，不断提高教练员的理论水平和业务水平，做好训练计划的制订与实施；充分运用科学的训练手段和恢复手段，在训练环节中科学地运用与实践。

6. 多举办青少年散打比赛，增加运动员的参赛机会

通过比赛的检验，可以使运动员在日常训练中学习到的东西用到赛场上，在比赛中不仅能累积经验，还能及时发现不足，以便在平时的训练中不断完善、提高自己。而运动员在实战中的表现，能让教练员更加深刻地发现平常训练中的不足，使他们能改进、调整训练计划。运动员通过比赛还可获取级别证书，获取升学资格，拓宽运动员的就业出路。

7. 积极改善散打后备运动员训练保障条件

散打运动的对抗非常激烈，对于场地设施和保护设施有着较高的要求，因此主管部门要加大资金投入，改善运动员的训练保障条件，除了对体校的资金投入和政策扶持外，对于民办的学校

也要进行扶持与帮助，改善他们的办学条件，提高训练的硬件设施，吸引更多的人参与到散打运动中。

二、散打伤病科学防治

（一）散打运动伤病的特点

1. 训练中更容易受伤

通过研究表明，散打运动员在训练中的受伤率要远远高于比赛时的受伤率。这种状况的出现，首先因为运动员训练的时间要远远多于比赛时间。另外，有的教练员和运动员对训练前的热身不够重视，训练前不认真进行准备活动，还有训练内容和运动量安排得不合理，这都是直接导致训练受伤率远远高于比赛受伤率的原因。

2. 受伤部位集中在关节

研究证明，上肢和下肢的小关节最容易受到伤害，如腕关节、趾关节、踝关节、膝关节等。这些关节力量相对薄弱，抗击打能力较差。此外，它们距离对手较近，所以容易遭受对方的攻击，还经常参与到攻守之中，因此受伤的概率也就大些。加强和注重运动员上下肢小关节的力量训练是一种防止伤病的有效方法。此外，头部因部位较高，距离对手较远，被击打的面积较小，比赛中戴上护具被重点保护，所以受伤概率较低，但绝不能忽视对头部的保护。

（二）散打运动损伤的预防原则和措施

1. 加强思想教育

在平时的训练中，要积极开展预防运动损伤的教育宣传工作，使运动员在训练和比赛中都不能麻痹大意，并要求运动员学习并掌握运动损伤的相关知识，当遇到损伤时能自主采取正确的处理措施，认真贯彻预防为主的方针。

2. 合理安排教学、训练和比赛

教练员要根据运动员的性别、年龄、健康状况和运动水平，认真分析散打的技术动作，预测哪些技术动作容易受伤，做到心中有数，做好预防措施。加强全面训练，通过各种形式身体练习的合理运用来全面提高身体素质。在基本技术教学上下功夫，使运动员正确掌握踢、打、摔、进攻、防守、反击等动作要领，形成正确的动力定型。

合理安排运动负荷，要格外注意运动器官的局部负担和伤后的运动安排，避免训练方法过于单一，防止局部出现过大的负荷。青少年活泼好动，即便出现身体疲劳仍然对身体运动具有强烈愿望和浓厚兴趣，对此要适当加以调整，遵循区别对待、循序渐进的训练原则。

3. 认真做好准备活动

训练和比赛都要认真做好准备活动。准备活动的内容要结合训练内容特点而定，做到一般准备活动与专项准备活动相结合，准备活动最后部分的内容要与训练内容接近。在运动中，对于负荷较大和易受伤部位，要注意做好准备活动，适当进行力量练习和拉伸练习。

准备活动的量要结合运动员特点、气候环境和教学训练及比赛的情况而定。通常来讲，当天气寒冷，身体兴奋度较低时，准备活动时间可适当延长。相反，当天气炎热，身体兴奋度较高时，准备活动时间可缩短。一整套准备活动要循序渐进，当身体感到发热并微微出汗后即可停止。

准备活动结束距训练课的基本内容的时间不能太长，也就是说当准备活动做完之后应尽快进入训练环节。在运动中如果间歇时间过长，都要进行准备活动。

4. 加强易受伤部位的针对训练

循序渐进地对易受伤部位或薄弱部位进行训练，提高这些部位的功能，能有效预防运动损伤。例如，为防止腰肌劳损，除了加强腰背肌训练外，还应加强腹肌力量的训练，帮助防止脊柱过伸而造成腰部损伤；为了预防髌骨劳损，可以采用“站桩”的方法以增强股四头肌和髌骨功能；为了防止股后肌群拉伤，要加强股后肌群的力量和伸张性练习等。

5. 加强保护和自我保护

在散打训练和比赛中，保护措施十分重要。尤其是散打的初学者，判断和控制能力还有待提高，因此要注意穿好护具，做好自我保护。每名散打运动员都要学习自我保护的方法。比如当失去重心时应立即调整好重心，确保身体平衡；快要摔倒时，立即低头、屈肘、以肩背部着地顺势翻滚，不能直臂；从高处向下落地时，要用脚前掌着地并屈膝，以增加缓冲等。在散打教学中，教练员要将自我保护的知识与方法传授给运动员。

6. 加强医务监督

散打运动员都要定期进行身体检查。在参加重大比赛的前后，要进行补充检查和复查，以了解体育锻炼或比赛前后的身体变化。对于患有慢性病的运动员，更要加强医学观察并定期进行健康检查。身体出现损伤或体检不合格的人不能参加训练或比赛。运动员自身也要做好监督工作，如果身体有不良反应要认真分析原因，必要时请医生做医学检查。

认真做好运动场地、器材的管理和安全卫生检查，对老化、损坏的场地设备要及时更新和维护。在平常，教练员要加强体育保健知识的宣传和教育，使运动员增强保健意识，提高遵守体育卫生要求的自觉性。

三、散打赛事开发与运营

散打项目若想扩大自身影响力，获得更大的发展，就要开发更多的赛事。在这里，主要对一些商业性质的散打赛事的开发与运营进行分析与研究。

(一)我国散打赛事的发展历程

1. 起步期

随着散打项目在我国蓬勃发展，散打运动的市场化、商业化、职业化也逐渐提上了日程。1993 年，在中国武术协会和武术运动管理中心的共同努力下，我国成功举办了散打南北争霸赛，1994—1996 年，我国成功举办了中华散打擂台赛，为散打赛事商业化发展起了一个好头。1999 年，"中国功夫 VS 美国职业拳击争霸赛"成功举办，随之而来的"中日对抗赛""中泰对抗赛""中俄对抗赛"等一系列商业赛事的成功举办促使国内掀起了一股散打热。

2000 年，首届中国散打王争霸赛在长沙举办，湖南卫视对比赛全程进行报道，这是中国散打发展的里程碑，从此中国散打进入了职业化道路。首届中国散打王争霸赛中，吸引了全国 120 多名运动员前来参赛，来自解放军体院的"劈腿王"柳海龙加冕冠军，成为首位"中国散打王"。"散打王"赛事的成功开发与运营也标志着我国散打赛事体制改革收到成效，散打赛事成功包装并在市场上博取一席之地，获得了相应的经济效益和社会效益。

2. 快速发展期

2000 年首届中国散打王争霸赛的成功举办标志着散打赛事商业化、市场化成功起步。2001 年 3 月，第 2 届中国散打王争霸赛在国家奥林匹克体育中心散打馆拉开帷幕，在媒体报道上，更是采取国外电视台与国内地方台同步直播的形式进行，使国外观众也能看到比赛转播。本届赛事得到了包括北京电视台、中央人民广播电台、人民日报在内的全国180多家媒体的报道，引起了社会各界的热切期盼与关注。

通过首届赛事的成功举办，散打王争霸赛已经在散打专业队中得到了普遍认同，广大教练员、运动员参加散打王争霸赛的热情更加高涨。2001年报名的队伍增加到40多支，报名运动员人数增加到200多名，其中很多是国内的知名高手。由于报名人数的增加，此次比赛采用单循环淘汰制。2001年第2届散打王争霸赛以北京为主赛区，在全国各大重点城市巡回比赛，给更多观众带来更大的惊喜。2001年中国散打王争霸赛在灯光布置、音响、舞台场景、武舞表演上更具魅力，增强了艺术性和娱乐性，将竞技体育充分融于时尚潮流和艺术欣赏之中，再次取得了新的成功。2001年第2届中国散打王争霸赛在竞赛组织方面还有一个巨大突破就是邀请国外运动员组队参赛，这标志着中国散打王争霸赛正式走向世界。在本届赛事中，来自北京体育大学的“鞭腿王”苑玉宝荣膺“散打王”的称号。

2000—2003年，“散打王”赛事不仅促进了散打商业赛事的蓬勃发展，而且培养出了柳海龙、宝力高、苑玉宝、格日勒图、赵子龙等一批大家耳熟能详的明星拳手。这些明星拳手不仅在国内比赛表现出色，而且在“中美”“中日”“中泰”等一系列外战中也有各自出色的发挥，中国散打商业赛事在那个时期红极一时。

3. 发展瓶颈期

2004年，因为赞助商的商业运作出现了问题，2004年，红遍大江南北的散打王赛事搁浅。随后，中国散打俱乐部争霸赛(CKC)、河南电视台的“武林风”(WLF)、中国职业联赛(WMA)等一些赛事陆续开展，但是与“散打王”相比，这些赛事在赛事推广、明星培养、商业运作、媒体宣传等方面远远不足。在这之后，很多新兴的赛事不断出现，他们自身虽然都很有特点，但也都因自身的种种原因而无法成为散打赛事的代表。随着第一批散打明星的老去，散打商业赛事的媒体关注度和大众关注度也逐渐下降。从近年来举办的中泰对抗赛中可以看出，由于优秀运动员的缺乏以及散打商业赛事自身的关注度不足，在赛事宣传上开始走"歪门邪道"，一些诸如"泰拳王挑战少林弟子"等噱头成为博眼球的手段。

与足球、篮球等赛事相比，散打赛事在商业拓展、资金投入、市场推广、媒体关注度、电视曝光率上都无法与之相提并论，这也是近年来散打赛事出现瓶颈，无法在市场站稳脚跟的重要原因。

（二）我国散打赛事运营的现状分析

1. 市场定位

散打赛事的开发与运营实际上是一种商业活动，是把散打赛事包装后当作一个产品来运营，最终促使散打项目产业化，以达到获取经营利润的目的。散打赛事运营的初期就提出要将赛事打造成一种品牌，一种名片，占据市场份额，并且形成固定的消费群体。散打赛事建立于散打运动改革的基础之上，所谓赛事的商业化其实也包含职业赛事，是竞赛改革进程中的重要组成部分。与锦标赛相比，散打赛事为了适应市场和观众需求，在比赛中采用国际标准拳台，运动员摘下护具，允许使用膝法进攻。比赛还以先后倒地不得分来限制运动员的搂抱动作，鼓励主动进攻。这就使比赛更具观赏性，更加刺激，以吸引大众的眼球，争取更多的市场。

体育赛事商业化的出现与运作离不开国家的经济发展。近年来，随着我国经济迅猛发展，改革开放进程不断加速，国家不断举办重大体育赛事，媒体对国际重大赛事报道力度加大，使我国国民的体育价值观和体育欣赏能力有了进一步的增强。散打赛事的成功开发与运营使老百姓对散打运动有了更深的了解，很多人逐渐认识并喜爱上此项运动，这不仅丰富了民众的业余生活，而且对全民健身进程具有潜移默化的推动作用。

2. 包装与推广

散打赛事为了符合市场规律，充分学习了国外优秀的搏击赛事的运作形式，在比赛现场采用现场导演的概念，使体育竞技更加娱乐化、市场化。灯光、音响、音乐和舞蹈加入到赛事中，把紧张激烈的赛事渲染得更具有艺术魅力。在这里，就要提到“武舞”。“武舞”表演为散打运动增添了魅力。在许多商业赛事中，诸如“散打王”和“武林风”，在比赛开始之前主办方增加“武舞”表演，对现场气氛进行渲染，这无疑增添了比赛的艺术性。

规则和场地的变换让散打赛事与国际接轨。散打商业赛事的场地与国内锦标赛、全运会等散打比赛的场地有所不同，散打商业赛事的场地选择高出地面 90 厘米，7×7 米正方形的标准拳台，每面设有四条围绳，四个角中的两个角为比赛双方的休息区，其余两角为中立角。与锦标赛擂台相比，散打商业赛事擂台更具国际化特点，便于观众观看比赛，也便于运动员更适应场地。拳台中间有赛事的商标，四个立柱角上的软垫上有比赛赞助商的标志，凸显了赛事的商业化，更具时代感，符合商业化和产业化的特征。除在拳台的四周留有裁判员和比赛医务监督的固定席位外，还专门为媒体摄影和文字记者留有角度极佳的席位，人性化的场地安排使比赛更有吸引力。

明星拳手的培养能提高赛事的知名度。体育赛事如果不发挥优秀运动员的明星价值，其号召力就会大打折扣。散打商业赛事从最开始的“散打王”时期就注重培养散打明星，注重运动员的个性发挥，使散打运动员成为“大腕儿”，从而提高赛事的自身价值。明星运动与的出现直接产生广告效应，并且为赛事树立了形象代言和名片。

3. 社会效益和经济效益

散打商业赛事的收入来源主要有以下三个方面。第一是比赛门票,“散打王争霸赛”“中美对抗赛”等一系列商业化赛事,票价平均在50～1 000元人民币,平均每场比赛能吸引上万观众前来观看。第二是赞助商资金赞助,以2000年“散打王争霸赛”为例,当年某赞助公司向中国散打王争霸赛赞助500万元人民币。近年来随着商业价值的升温,赞助费至少达到千万元甚至亿元的水平。第三是电视转播与广告收入,从“散打王争霸赛”到“武林风”,电视转播的广告费用一直都是散打商业赛事的收入支柱之一,最高的每30秒广告时间为人民币2万～5万元左右,这也为赛事的举办提供了动力。

第三章　散打运动技能培养理论

散打运动是一项非常注重技击技能在实战中适时运用的项目。由此可见掌握娴熟的散打技能对参与这项运动来说是多么重要。然而在学习技击技术之前还应该对诸多散打技能的理论有所认识，如此能够对日后所学习到的技术有更深刻的理解，更有助于提升散打运动水平到一个新的高度。为此，本章就重点对散打运动技能的培养理论进行阐述。

第一节　散打运动技法原理

一、技术符合运动生物力学原理

散打运动在我国开展已经有几十年的历史。从总的发展历程来看，其发展内容更多的是散打比赛的形式、竞赛规则等方面，而对于技术的研究则显得有所欠缺，或者说这种研究没有形成一个稳定的系统。在常见的技术动作当中，即便从外部看起来有着类似的地方，但从技术本质来说还是存在许多细微的差别和不同的运用时机的，然而对这方面的了解还不够充分。任何一个技法动作最合理的基本技术只有一种，在众说纷纭之中，对动作合理性、有效性的正确判断，首先要看是否符合运动生物力学的原理。

散打技术中的生物力学原理主要表现在力量、力点、合力、顺力、作用力、反作用力、支点和力距等方面。但就散打的实战来说，仅仅了解上述几点技术中的生物力学原理就想获得优势还远远不够，还需要从多方位考虑并分析不同的力学要素。

二、技术符合时间、空间原理

包括散打运动在内的所有技击类运动都对双方实战中的时间与空间有着较多的关注。这主要是因为散打运动的技术特点包括击、打、踢、摔等相互交织，判断比赛胜负的标准为击倒对方或是击打到更多的有效点数。因此，要想在比赛中占得先机，就需要比对手更快地抢占先机，这个先机就包括时间与空间。为此，散打运动中技术的形成也都是以最大限度地争夺时间与空间为目标而产生的。

时间、空间原理是指动作的速度、速率、路线、轨迹、幅度、角度、方向、位置等。与散打运动相比，传统武术套路比赛中的许多动作更多倾向于艺术性，如此能够增添更多的欣赏价值。但其中不可否认有许多动作的技击方法以及串联都不符合实战技击的时间、空间原理，而这点也正是散打运动与武术套路运动的一个重要区别。

三、技术符合相生相克原理

散打运动中包含的技术动作众多，但无论是进攻技术还是防守技术，没有任何一种技术是万能的。也就是说，没有一种进攻技术是不能被防守的，也没有任何一种防守技术是不能被攻破的。而要想在双方技战术的比拼中获得优势，除了需要具备过硬的技战术素养和心理素质外，还要深刻了解技术中的相生相克原理，明白技术动作的优势与不足。

散打技法既然是相生相克的，反映到动作的技术上，就需要同一个动作姿势状态的技术要求，既要有利于进攻，又要有利于防守和反击，其中最为典型的就是准备姿势。准备姿势做到位，一方面有利于进攻步法的运用，另一方面还要兼顾可能的快速退防或躲闪。为此，这个姿势就被要求处在最适宜的机动状态。这种事例如左手冲拳，右手要放在最佳的防守位置，以防止对方的反击。冲拳时上体前倾，以加大力矩和力量，但进攻动作发出以后，如果没有击中对方且来不及还原，对方肯定会借这个空当反击，这样进攻动作从被反击的角度来看，冲拳时上体超过了身体重心的垂直线，对方闪躲后使用摔法“顺手牵羊”就比较省力。由此可知，加大冲拳力量以及延伸拳的距离，严禁单方面考虑采用哪种方式来进攻对方，还要将被对方反击考虑在内。

在日常的技术动作训练中，教练员要注重对运动员讲解每个动作的意图，深入分析动作做出后可能得到的对方的反应，并对这些反应做出足够的预防。

四、技术符合竞赛规则原理

散打运动的技术发展要符合散打运动规则的规定。散打不同于自由搏击运动，它是在规则的严格限定之内开展的技击类运动，因此，规则就成为散打技术发展、规范竞赛行为、判断运动员胜负的标准。

技术符合竞赛规则原理通常反映在以下几个方面。

我国的传统武术在实战中讲求的是克敌制胜，其中不乏有许多带有极强攻击性和伤害性的动作。散打运动继承了大部分武术中的技击动作，但对于一些带有较大伤害性的动作并没有沿袭过来，而是被散打运动的规则所禁止，如其中的后脑、颈部、裆部等都是散打规则中严令禁止的非攻击部位。再如，武术弹腿主要是用来攻击对方裆部的技法，由于裆部是禁击部位，散打中的弹腿变成了“鞭腿”。由此，散打运动的技术由于受到规则的限制而发生了适应性的改变，当然对于武术运动来讲，散打的这种技术上的变化也弥补了武术技术中少有侧面腿法攻击对方的缺陷。

综上所述,运动生物力学原理、时间、空间原理、相生相克原理和竞赛规则原理,是共同支撑散打技术合理性和有效性的理论基础。散打任何动作技术规范的形成,对运动员掌握动作情况的技术分析,对各种招法使用的技术研究,都必须遵循散打技法的原理,运动员动作符合综合性原理要求的姿势状态,就是散打动作基本技术合理性、有效性的具体体现。

第二节　散打技击对抗理论

一、技击思维的特性

要想将散打技击技能掌握得更加牢靠和娴熟,除了技术动作的学习和充分练习外,还应该对其中所蕴含的技击思维有着深刻的认识。

积极思维与其他体育运动的思维有所不同,这些不同主要体现在如下几个特性上。

(一)时间特性

处于技击对抗中的双方均为一种自由活动的状态,在这种自由的状态中一方面运动员可以寻觅进攻机会,另一方面还可以进行短暂的自我调节。为此,就使运动员在不同的对抗状态下得到不同的思维时间。不过,时间会因为思维形式的不同而要求不同,它可以是较为缓和的,抑或是较为紧急的,实际上大多数思维活动的时间往往都是瞬间的自动化行为。

由此可见,不同的技击状态与环境对技击思维在时间上的要求自然会不同,这就是技击思维中的时间特性。

(二)程序特性

不同的技击环境是思维活动的前提条件,思维只有在“接触”

到这些条件后，其后的行动才有实际意义。尽管包括散打运动在内的所有搏击类运动在进行中都相对没有规律可循，但技击本身的运行是有其内在规律的，为这一规律而建立的某种“程序”，使思维需要通过这些“程序”后才能产生实际作用，这就是所谓的技击思维中的程序性。

（三）势态特性

凡是技击运动都少不了运动员思维的参与。刨除技术对于技击运动的重要性外，最重要的就是技击思维了。不同的技击势态，决定了与之相适应的思维内容不同，对抗中不同的思维又对技战术的使用起到了决定性的作用，作用能够表现出不同的技战术实施，对势态的影响起到了决定性的作用。也就是说，不同的势态对技击思维都会起到不同的导向作用，直接表现在技战术的实施上，通过技战术又直接影响到对抗中势态的变化。由此可以看出，技击思维与对抗中的势态是紧密相关的，是一种获得信息和接收信息并给予反馈的思维过程，技击对抗就在这种相互影响的状态中向前推进。

（四）立体特性

思维的立体性主要是在相对固定的技击模式中才能体现出来，从这个角度上来看也就证明了技击的模式流程也是相对固定的，那么使得其思维的程序也就相对固定。当在每一个相对固定的流程中或每一个相对固定的思维程序中，其思维的表达是可以全方位立体的，然而这种条件的限定还是较为苛刻的。例如，当处于自由调节的状态中时，运动员除了可以用一种方式调节心理和动作外，还可以用任何他擅长的、习惯的方式来调节，但此时的思维是针对这个束缚对峙状态下的思维，就不是原来的那种自由状态下的思维，如果真的在自由状态中继续保持自由的思维，那么显然运动员是无法对接下来对手的进攻行动和自己的进攻行动做好准备或预判，进而将自己陷入一种被动当中。

二、技击的整体观与恒动观

(一)建立技击整体观的意义

包括散打在内的技击性运动对运动员的综合运动能力有着极高的要求。就运动本身来看,并不能将其只是看作技击技术的简单运用,除此之外,还有很多决定技击竞赛胜负的内容。因此,必须将这些内容看作一个整体。为此,散打运动员要建立起一个技击整体观,并且注重这一整体中的各个要素。具体来说,技击整体观,对探索技法与环境的关系和技法的变化规律具有如下几点重要意义。

1. 基本技法中的整体观

散打运动的基本技法主要表现在整体观的指导下,认为人体做出的某个动作是依赖于相应部分的协调发力获得的,但另一方面无论哪种进攻或防守的动作的完成都不仅体现在相应的部位发力上,还包括身体其他的部位的协同发力,如上肢、腰腹和腿。如此才能在某一种动作做出之时产生一个全身的合力,以此达到增加动作效果的目的。如此来看,每个具体的动作是整个机体活动下的分工合作,这是局部与整体的统一。这种整体作用只有在技击思维的统一指挥下才能保持协同,且随时产生。技击学还通过攻防兼顾的理论来说明技击对抗中技法在攻防处理方法上必须维持相对的动态平衡。

2. 技法变化中的整体观

所谓的技击学的整体观不仅仅只表现于所有技击活动的整体,还体现在其中所包含的技击变化之中,即在分析对抗中的技法变化机制时,首先要从整体势态着眼,然后才能以此为基础对机体局部的某技法动作做出适当的应对反映,把局部动作变化与整体机体统一起来，这样才能够更好地了解动作变化规律与技法变化的走向。

3. 具体判断中的整体观

包括散打运动在内的所有技击运动几乎都要求在同一时间内对对手技法变化的判断建立在对手的整体运行规律之上，然后从中判断出局部可能发生的变化，再做出应对反应。对手的行动是自由的，因此，他所做出的动作大多是出于某种目的而来的，所以就需要时刻对对方的任何动作予以关注，进而联想到技法的运行规律，把对手技法的运行规律、战术表达的方式、技击思维等导致动作变化的因素与对抗时的环境结合起来，将对方动作相互作用的反应状态概括起来，然后才能形成正确的判断。

在对抗中，机体的局部动作与整体表现是一种辩证统一的关系，即从局部动作可以作为判断整体攻防意图的重要信息。所以对抗中某单独动作的变化，往往蕴涵着整个技法的变化信息。那么，根据这个理论，就可以在对方做出一种可以被作为进攻势头的动作之后就对这个动作予以控制，以此达到抑制对方整个进攻意图的目的。

4. 环境约束的整体观

技击的整体观除了包含技击内部元素的整体观外，它还包含技击学强调技法的使用与外在环境的统一，以及在新环境下建立新的技击思维技法功能的完整性。这里需要强调的是，这个新建立起来的技法体系应该是与自己的情况与规则紧密相关的。只有当技法的使用适应内外环境的变化时，技法的用途才能真正展现出来，运用得也能更加顺畅。

技击运动中的技法使用受左右的因素并不唯一，这些因素甚至能够构成一个因素体系，其中的局部和整体之间保持着相互制约、相互协调。鉴于此，对于技法的选择与使用就需要从全局考量，注意对整体环境的适应与调节，避免“头痛医头，脚痛医脚”的“短视”行为。这些都是在整体观念指导下而确定的技击原则。

综观技击学中蕴含的哲理，可以发现其中很多是基于中国传统哲学中“天人合一观”“人与天地相参”的整体观念。为此，对这些蕴含其中的传统整体观进行分析对研究技击学来诠释传统文化具有重要的现实意义。

(1)技击学的整体观强调“天、地、人”三者一体。这个观点使得在进行技击运动时不能单独地将人看作是个人，而是应该将人与周围的世界(环境)结合起来，这是对主体与客体辩证统一关系的朴素认识，是技击学整体观中的表现，并且对建立、发展现代技击学起到重要的指导意义。

(2)技击学的整体观念强调“天覆地载，万物悉备，莫贵于人”的哲理。在这一哲理的指导下，技法变化就成为处理三者关系的核心。如此便使人们练习技击术不光是为了强身健体，掌握技击技能，更是要以此作为提升人的精神境界和道德水准的载体。

(3)技击学的整体观强调人与外在环境的和谐统一。这里所谓的外在环境通常是从狭义的角度来看的，指比赛场地、比赛装备、对手乃至裁判，更加延伸来看还可以是比赛中表现出来的势态。如果技击者将自身的能力过分看重，而蔑视周边环境对自己构成的影响，将自己与环境对立起来，这就显得过于违和。这种行为表现在技法上，就有了不顾比赛势态的变化只是一味地猛冲猛打的现象，如果对抗双方都是这样，那么彼此在擂台上只能出现顶牛与缠抱等局面。我们要建立与环境统一的技法。

(二)技击的恒动观

恒动观的概念认为世界是运动的，其中所包含的一切物质都处于运动之中。散打等技击运动中也包含有恒动观的概念，即认为技击的存在形式也是运动的，这是所有技击类运动的本质属性。进而可以认为在技击运动中，运动是绝对的，是一直存在的，而其中出现的静止则只是相对的、暂时的或在一定情形下存在的，静止才是技击运动中的特殊形态。

技击中的恒动观几乎囊括了技击中所遇到的各个方面。它不止表明了在技击运动中的运动员需要在运动中完成动作和思考，还决定了在技法或战术的选择上也是需要灵活、变化、运动的，任何僵化的、固定的、有规律有套路的思维都不利于技击能力的提升。对抗中一切状态的变化，都根源于双方技击思维活动与以动作去诠释思维的能力，因为动作是构成对抗和维持对抗活动的最基本单位。

技击恒动观念的内容为技击对抗通过攻与防的形式相互作用，在此过程中双方均在竭尽全力的运动中探寻试图打破对方攻防平衡的突破点，并予以进攻或防守。也就是说，运动中双方不断展开的攻防阵势实际上都是为了探寻下一步的攻防态势，而这也进一步催生了双方的运动与变化。技击活动就是一个围绕着攻与防不断产生“碰撞”，以达到技击目的的运动过程。

技击恒动观的最大意义在于它准确描述了技击运动的本质形态，并且决定了变化的原则在于对攻防平衡的处理。“技击，阴阳也；阴阳，攻防也。攻防合一，技法和畅，效果永生，乃得尽其目的。”因此，阴阳攻防的对立统一观点贯穿于技击学各个方面，正确地指导人们认识技击、表现技击以及训练技击等。

三、技击的时间感与空间感

（一）技击的时间感觉

技击的时间感觉，是指技击运动员在技击运动中建立的对技击双方彼此间的速度、运行动作间的时间差与节奏的感知能力。我国自古就有拳谚说到“唯快不破”，这表明短暂的时间对于技击类运动来说是非常重要的。技击学上的速度，主要是指技击运动者的快速运动能力。更准确地说法应该是单位时间内迅速完成某一动作或通过一定的距离的能力，具体包括位移速度、反应速度和动作速度。技击中运动员的时间感觉对速度而言就在于一个“快”字，快主要是快在反应速度和动作速度上，这是决定比赛是否能够获得优势的关键；而在时间空间方面，在于位置调整和动作调整所需要的时间更少。技击运动中的任何技术动作都需要建立起时间的概念，特别是攻防重要技击技能更应如此。只有具备了一个正确的时间感觉，才有动作快速与迅疾的前提，才能够做到以快来攻击对方无防备或薄弱的部位，达到“先发制人”“出其不意”的目的。

这里需要特别讲到一个“时间差”的概念。时间差，是指在对抗双方完成攻防动作前后的时间差数。攻防动作就是表现在实战中的彼此双方的进攻、防守或防守反击。从实际来看，人的生理运动能力毕竟是有一个极值的，动作与动作之间的衔接尽管可以无限接近，但终归是有漏洞或间隙的，抓住对手的漏洞和间隙就成为双方在场上不断运动中所寻觅的机会。谁能寻觅到这个机会主要在于谁把握时间差的能力强。在技击过程中，进攻的力量、速度和时间是相辅相成的。建立在对动作充分了解的基础上，去感知对手动作的力点、力的运行轨迹与力点的目的地，根据双方攻防动作在时间上的差异，才能够在对抗中很好地做到“力在人前”“避其锋芒”“后发制人”等技法要求。这也是技击中利用“时间差”特点设计战术打法的基本理论。

（二）技击的空间感觉

技击的空间感觉是在技击双方彼此的距离、方位、角度等方面的感知与判断能力。空间感觉是在进攻与防守中对双方位置远近的正确度量。在技击运动中，双方维持的距离随着彼此的运动始终处于或大或小的变化之中。空间距离的不同对攻防技术的使用有时起到决定性的作用，甚至某方占据空间优势时另一方就需要对此进行专门的战术调整。由此可见，技击的空间感觉是技法中不可忽视的技术要素。

1. 空间感觉的作用

在技击实战中，距离的把控对于双方的攻防技术的使用至关重要。只有在一个恰当的距离内才能使攻防技术的效果发挥到最佳。例如，如果双方离得较远，那么双方的精神就会相对放松一些，因为此时如果不通过大幅度调整步伐逼近对手那么是无法打到对方的；如果双方距离过近，双方就会保持高度的紧张，而且过近的距离也不利于重拳重腿等技术，反而更适合贴身防守。因此，在散打对抗中，为了始终获得对自己最有利的距离，就需要不断通过步法来进行调整，抢占有利于自己进攻和防守的方位。

散打运动不同于武术套路运动，尽管在一些基础技术方面有着很多相似之处，但散打运动的本质在于实战对抗，这就决定了散打运动没有一个规定的套路可言，任何技术动作都是以获得实效、击打到对手有效部位为目标的。这就牵涉到建立一个对动作应用的时空上的正确感觉，只有正确地建立时空感，动作的使用才有了保障。这也决定了对于散打运动的练习来说，除了要夯实基本功以外，更重要的还在于在日常的训练之中就加入一些实战的元素，让动作的基础训练与实战有机结合，而凡是仅练习组合或套路是无法建立正确的距离感的，脱离了距离的要求也就无法让动作在实战对抗中出现在该出现的位置，这就是只练习套路或仅仅只知道动作含义却不懂得如何实战的根本原因。

2. 空间感从实践中获得

在散打对抗中，双方运动员的空间感是通过对比出来的，自身无法表述自己的空间感如何，这是空间的本质属性决定的。为了占据有利的攻防位置，场上双方都不停地移动步法，移动到位后便采取踢、打、摔、拿等技法进攻，进攻不得手便转为防守，在此过程中彼此间的调整也是在相互制约、相生相克中进行的。优秀选手的空间感更好，这突出体现在其对脚下步法的距离乃至移动速度有着很足的信心，在这一基础上可以通过快速简洁的步法移动占据最佳攻击距离与角度，使攻击动作的效果达到最大化；而在防守时，通过步法移动与角度的调整，就可避开对手的攻击力点，并且这种防守的步法有很多"弹性"，有利于其快速反击。在比赛中，如果自身擅长摔法，就要主动减少与对方的距离，贴近对方，如此有利于发挥摔法的优势。如果在各种情况下都能顺利快捷地到达自己想到的位置，则说明已经建立了良好的空间感，战术氛围的营造与很多具体的战术设计就是建立在控制距离的基础上的。

一般控制距离的战术主要有以下两个方法。

(1)迂回战术。迂回战术是常见的以利用双方空间距离为战术元素的战术。这个战术的关键点在于利用各种假动作、角度变化、远近移动等方法来寻找与对方动作产生的距离或空间，寻找时机在自己掌握适当距离上打击对方，而恰好对方在此时又不能很好地或是在充足的准备下打击到自己的技术。

(2)牵制进攻战术。牵制进攻战术就是以假进攻或拉开距离的方式迫使对方前进或后退，进而从对方的移动中找寻空当，伺机进攻。这一战术的关键就在于向对方释放的"诱饵"是否能够让对方按照我方意图被调动起来。

第三节　散打训练系统控制

一、散打科学训练的原则

(一)主观能动性原则

主观能动性原则，是指充分发挥教练员和运动员进行训练的自觉性和积极性，保证运动技术水平快速提高的训练法则。对于散打运动的训练来说，其无论是组织者还是受训者都是完整的人，具有主观能动性的人，只有人秉承主观能动的原则，才能尽力搞好训练或是努力接受训练，这是保证训练质量的基础。

教练员的主观能动性在于具有十足的敬业精神和对受训者认真负责的态度，表现出耐心、爱心和责任心，把培养运动员能够表现出散打技击内含的最佳技术状态，能够取得最佳的运动成绩作为自己职业的目标。除此之外，还要坚持努力学习，不断探索散打运动的理论与技术，具有一定教学水准，能够选择适合受训者的训练方法和手段，调动他们的积极性、自觉性。

运动员的主观能动性则表现在拥有正确的训练动机。动机的正确显然是做成任何事情的前提，动机是行为的驱动力。正确的训练动机能够充分发掘内部潜力，自觉、积极地进行训练。由此可见，这种主动性是发自内心的行为意愿表现。自觉是积极的前提，积极是自觉的结果。除此之外，运动员拥有足够的主观能动性后还能更加乐于思考和感悟，利于接受、理解教练员传授专业知识，并能独立地思考专项技术和训练问题，从而快速提高运动水平；能够强化意志力，散打运动的基本功枯燥无味，只有足够的意志力才能使运动员咬紧牙关刻苦训练，特别是在疲劳接近“极点”的情况下这种意志力的作用更加明显。

（二）个体区别性原则

个体区别性原则，是指要根据不同运动员竞技能力、体能、心理、技战术水平等实际情况有针对性地开展训练的原则。运动员的个体差异是不可避免的，这种差异所涉及的方面也是多种多样。例如，有的运动员体育智商较高，但体能较差；有的运动员技术水平出色，但战术选择时机往往不理想等。如果对不同特点的运动员采用同一种训练方法或手段，给予了相同的训练侧重，那么显然是以利于运动员的全面发展的。追求平衡是按照“全面发展”的训练理念而来的，为此就需要为他们尽快补足短板，以期使他们在整体上获得提高。

为了获得全面的能力增长，就需要秉承“培养特长”的训练理念。首先要打破能力的稳态，造成一种个体技能发展的新的不平衡。然后再根据出现的不平衡，逐渐与先超出的技能方面予以追赶和补足，这一过程需要一定时间的训练，但最终往往能够达到新的、更高层面的技能平衡。个体区别性原则是针对运动员竞技能力的要素，不断地追求平衡和突破平衡所需要遵循的法则。

一般情况下散打训练的组织形式为集体训练，有少部分条件较好的或职业运动员的训练是相对私人的。这里主要就集体训练为例进行个体区别性训练原则的说明。在集体训练中，教练员是训练的组织者、训练计划的制订者和训练活动的监督者。教练员对训练内容安排的合理性，训练方法和手段采用的正确性，训练要求执行的严格性，这是科学训练的基础。在集体训练之中还会穿插一些运动员自主训练的环节，这些环节有利于运动员获得充分的练习时间，同时也有助于他们在练习中充分思考和感悟。集体训练和分散训练时，在相对统一训练内容、方法、手段的前提下，如何区别对待融入其中的有机组成部分，是教练员改变“大锅饭”的状况必须充分考虑和合理实施的一个重要问题。然而，即便是集体训练，在训练之中教练员也要注意对不同个体差异的运动员提出相应的要求，如在进行拳法训练时，对于那些上肢力量较大的运动员要求他们尽量少发蛮力，格外注重出拳的准确度；而对上肢力量相对较小的运动员则要求他们尽可能地发力，加大拳法进攻的威胁。在分散训练时，针对不同的对象布置不同的训练任务，如散打体能训练中对于各部位力量、柔韧、速度等有不足的运动员安排针对性较强的训练负荷等。

（三）系统周密性原则

系统周密性原则，是指对训练过程的设计、操作及其监控进行条理化，能够快速提高运动员竞技能力的原则。这一原则主要是针对训练因素需要进行宏观策划提出的。散打训练涉及的环节和对训练效果的影响因素均较多，包括训练内容、训练方式等，而且有些训练没有定量标准加以评价，因此略显复杂，而且训练产生的正负作用同时蕴含在训练过程中。面对这种复杂的训练，如果对众多内容没有系统考量而盲目训练的话，一方面很难把握训练的进程，另一方面更难取得总体上的良好效果。

因此，为了将这些看似纷繁复杂的散打训练打理清晰，便于教练员条理清楚地进行训练操作，需要遵循人体机能做功、运动项目活动、竞技能力训练等规律进行合理、周密、细致地策划，最终使之成为一个有机联系的系统训练工程，这就是训练计划的制订。训练计划的制订是指训练之前预先拟定的训练方案和步骤，训练计划的主要内容为训练指导思想、训练目标、训练内容、训练方法、训练效果评测等。它是包括散打运动训练在内的所有体育运动训练中都不能缺少的训练文件。因此，对于运动训练计划的制订要在专业人士的指导下完成，由此保证训练计划的科学性、适用性和发展性等特点，由此来作为秉承散打运动科学训练的系统周密性原则的措施。

（四）内容优化性原则

内容优化性原则，是指在训练中对各种训练内容、方法，按照趋利避害的要求有机地进行组合与安排，实现利与弊的相互补偿、相互修复，促进运动员竞技能力快速提高的训练法则。在训练之中，最能体现优化效果的内容就是训练组织、训练方法和训练效果评价方法。散打运动训练中的诸多元素有许多是相互关联、互相影响的，因此对其中一个方面进行优化后，就可能会连带其他相关因素共同获得优化。相反也会带来一些反面效果，如在柔韧性的压腿之后进行腿法练习，压腿与腿法的两个训练要素是相近的，而要改进技术的训练就需要适当降低负荷强度，或是放慢动作速度，但这样有利于运动员集中精力感知动作，而降低负荷强度和速度，不利于动作速度、力量的发展。

为了秉承散打运动训练的内容优化性原则，就需要教练员首先对训练中的每个环节、部分、单元之间的内容、方法、手段等的利弊了解清楚。以此为基础,再按照利弊相互补偿、相互修复的要求,对不同的训练内容、方法、手段进行组织与安排,达到一种即使训练内容和方法等元素不变的情况下依然能以“内部挖潜”式的方式提升训练效果的目的。

(五)适宜负荷性原则

适宜负荷性原则,是指运动员训练的负荷形式和负荷量,符合不同训练要素、不同训练水平、不同发展阶段、不同个性特征运动员的客观需要,能够快速提高运动员竞技能力的训练原则。训练强度、持续时间和间歇时间是表现训练负荷的三个方面。训练强度是指每次完成动作能量的消耗,能量消耗越大强度和负荷量越大。持续时间顾名思义是某单项训练的时间或一次训练课的总时长,在训练单位强度相同的情况下,训练时间越长,训练负荷越大。间歇时间是指每次练习之间相隔时间的长短,训练单位强度相同的情况下,间歇时间越短训练负荷越大。就现代运动训练的发展来看,对于负荷形式与负荷量把控能够体现出一位训练计划制订者的专业水平。适当的训练负荷对实现最终的训练效果会起到很大作用,只有那些负荷运动员最近发展出的、适宜的运动负荷才能最高效地提升运动员的技能水平。反之,不但不能达到预期训练目标,还可能会造成概率更大的运动性伤病。

对于运动训练负荷的决定性条件还有训练要素、运动员的发展阶段、不同的训练水平以及不同的个性特征等。除此之外,在系统训练的过程中,负荷适宜性的重点表现在负荷量的节奏上。我国很长时间在运动训练领域中习惯使用大运动量训练的方式,妄图以不断的机械重复性练习达到巩固动作和强化体能的目的。然而现代运动训练研究表明,所谓的大运动量训练更多的是强调大负荷的重要性,是一种探寻人体承受极限的负荷。尽管从训练理论中看很多技能的强化和提升确实是在大负荷下实现的,但这并不代表负荷一定是越大越好,而是追求一种在科学的范畴下的大负荷。正确的负荷规律应该按照“小、中、大”的节奏交替进行,目的是在大运动量训练后有一个机能超量恢复或机能适应的时间。然后，按照“适应→加大→再适应→再加大”的规律循序渐进。这看似简单，但在实际操作中很难有一个明确的定量予以参照，而这也是确定适宜负荷的难点所在。为此，就需要教练员在训练实践中不断地进行总结，探索出适宜本队运动员发展专项竞技能力的最佳负荷规律。

二、散打训练计划的制订

（一）散打年度训练计划的制订

1. 大周期训练计划的组织安排

大周期训练的安排是以成功地参加 1～2 次重大比赛为目标而设计的。它包括比赛时间的确定和计划要点的明确。

（1）大周期时间的确定

①明确主要比赛的日期。重大的散打比赛通常在赛前一年就已经确定了比赛日程，如全国性的重大散打比赛等。这便于教练员和运动员有计划地组织训练过程。

②确定主要比赛的阶段。围绕着主要的比赛日来确定主要的比赛阶段。例如，全运会散打比赛定在以后的第 4 周或第 6 周进行，那么主要比赛阶段的时间长度为 5～7 周，让主要比赛日安排在比赛阶段的后 1/4 处。主要比赛日尽量不要安排在比赛阶段的结尾，这样有可能使运动员在主要比赛日失去最佳的竞技状态。

③确定比赛时期。比赛时期是比赛阶段和比赛前的热身阶段两部分的时间之和。在比赛前一般要安排几次热身赛，热身赛一般安排在比赛阶段的前 4～6 周进行。

④确定整个训练的大周期。准备期、比赛期和恢复期的时间总和即是一个完整的训练大周期。

(2)大周期训练计划制订要点

①首先获取运动员现实状况的信息。它是训练计划制订的基础。

②确定训练目标与任务。明确各阶段的目标和任务,要具体并有针对性,符合运动员的实际情况。

A. 准备期。准备期的任务有两点,一是提高运动员的竞技能力,二是培养促进竞技状态的形成。准备期应着重发展运动员基础训练的能力,在技能方面紧紧围绕踢、打、摔等单个技术和组合技术进行训练,在技术动作熟练、完善的基础上,力求有所创新和突破。在体能方面,努力发展身体素质,如速度、力量、耐力、灵敏、协调等。

当运动员的竞技能力发展到一定程度,就应该通过参加一定数量的比赛来培养和促进竞技状态的进一步发展。运动员的竞技能力是否获得提高,是准备期训练成功与否的衡量标准,而且将对运动员其他能力的发展,以及今后几个时期的表现产生直接的影响。

B. 比赛期。比赛期的任务一是发展和保持良好的运动竞技能力,二是让运动员在比赛中充分发挥出最佳的技战术能力。在技能方面努力进行专项技战术能力的训练,抓住主要的和关键性的环节,集中精力,力求在比赛中发挥技术特长,取得优异的成绩。在体能方面应该保持良好的身体机能状态和心理状态,克服各方面的干扰和影响,特别要调整好赛间的体能状态,可以通过适当的热身赛激发运动员比赛的欲望。

C. 恢复期。通过几个月的紧张训练和比赛,运动员的身体需要有一个休整调节的过程,而恢复期的任务正是要组织实施好这一过程。通过调整运动负荷的内容、量度、组织形式和改变训练环境,达到心理和生理上消除疲劳的目的。另外,恢复期间还需要运动员和教练员认真总结全年训练的经验教训,制订好下一年度的训练计划。恢复期时间的长短与训练周期长短有着密切的关系,恢复期使用的手段与方法,可以根据具体情况采用积极性恢复和自然恢复等方式。

③确定各阶段训练的内容、手段和运动负荷。训练内容与手段要根据运动员的水平状况来确定。

A. 准备期。准备期的基本功、基本技战术的训练均以单个动作为主，利用充足的时间建立、巩固和完善正确的技术动力定型。同时在此基础上进行个人技战术的训练，掌握组合技术动作，提高技术质量，向完善技术过渡，并逐渐使之协调、连贯并赋有个人特色。在身体素质的训练中，练习强度相对较小，负荷量相对较大。

B. 比赛期。比赛期一般采用重复法和间歇法发展运动员的体能；采用完整法发展运动员的技能；采用比赛法发展运动员的综合能力。但是，应该注意组织安排好运动负荷的节奏和赛间训练。赛间训练应注意使运动员能够从上一场比赛中得到恢复，并且能够重新集中力量，投入到新一轮的比赛中。在身体素质的训练中，负荷强度要大，量要小。实战练习的比例要增加，无对手的个人练习比例要减少。

C. 恢复期。在恢复期的训练中，适宜以游戏法和变换法为主进行训练。首先要降低练习强度，运动员通过调整练习，使中枢神经系统得到良好的调节，体力得到充分的恢复。

2. 中短期训练计划的组织安排

中短期训练一般是指赛前较短时期的训练安排。例如，组织参加某一国际性比赛前的集训；组织参加某一拳王争霸赛前的集训；院代表队组织参加全国性散打比赛前的集训等。赛前中短期集训根据赛事的性质和特点的不同，组织训练活动的层次和水平也不同。因此，教练员在制订中短期的训练计划和进行组织安排时，一定要抓住训练的要点，根据具体情况采取不同的组织方式与策略。

(1)中短期训练计划的结构与负荷特点

中短期训练计划的结构与负荷安排，一定要根据具体的训练任务和目标来制定。每个训练计划的提出，其运动负荷量和强度的变化都不一样。例如，在比赛的训练计划中，负荷和强度的安排主要是依据比赛的需要而定，比赛日的负荷强度应达到最高点，而前面几周的负荷安排，应使运动员既能达到锻炼，又能使机体及时得到必要的恢复。

(2)制订中短期训练计划应注意的几个问题

中短期训练，一般情况下主要是为准备参加某个特定比赛而组织的赛前集训，其训练计划的内容与安排多具有鲜明的独立性，目的是为运动员创造良好的运动成绩。在组织训练的过程中，要针对运动员不同的训练水平、原训练计划和训练年限等特点，注意贯彻区别对待的原则。

①对待一直坚持系统训练的运动员，应该将中短期训练当作系统的全年训练的一部分。在对原计划进行仔细研究的基础上，尽可能地继续执行原定的训练计划。但是，当原计划与现有情况发生明显分歧时，组队教练员应根据运动员的具体情况、比赛任务，果断地修改原计划。

②对待没有经历过系统训练，但运动条件较好，善于在比赛中发挥最佳竞技水平，有时会出人意料地取得好成绩的青少年运动员，由于他们运动后身体反应强烈，所以在组织集训时，一定要注意考虑以中等强度的运动负荷为主，确保他们有足够的时间使身体状态得以恢复，同时在心理上时时激励他们，以使他们能够在比赛中充分发挥最佳运动水平。如果一味地追求多练，像其他专业运动员一样，效果往往反而更差。

③对待有训练和竞赛经验，但较长时期间断训练的运动员，在训练中应多采用诱导性练习的方式，循序渐进地安排运动负荷，不断地唤起他们过去曾经有过的良好运动潜能和技能，使其能够顺利地进入到训练和比赛的最佳状态。

此外，在中短期训练计划的制订中，一定要针对本项目的运动特点，切实抓好技战术和个人绝招的训练，通过各种配合练习提高和巩固实战的能力。

(二)散打周训练计划的制订

将周训练分成不同的小周期类型,即基本训练周、赛前训练周、比赛周和恢复周,以此完成不同的训练任务。周训练类型的划分,使训练目的更明确,训练任务更具体,训练内容和负荷的安排更具有针对性。

1. 基本训练周的训练计划

(1)主要任务:提高运动员竞技能力。学习和掌握技战术的能力,发展一般身体素质,提高专项素质和竞技能力。

(2)内容和特点:技术训练占突出地位。应交替安排不同的技战术训练内容,既能够使运动员所需要的各种竞技能力得到全面综合的发展,又加大运动负荷,根据不同技术训练的负荷特点,安排适宜的训练负荷。应避免负荷过于集中而导致过度训练。

2. 赛前训练周的训练计划

(1)主要任务:调整、提高运动员的竞技状态,使运动员的机体适应比赛的要求和条件,将各种竞技能力集中到专项竞技中,为创造优异成绩做好各方面的准备。

(2)内容和特点:与基本训练周一样,通过训练内容的合理交替,强化比赛条件下的技战术训练,练习的组织形式更加接近比赛的特点。一般身体素质的训练比例减少,专项素质比例增加,训练强度相对提高,负荷量适当减少。同时,调整心理状态,为参赛做好准备。

3. 比赛周的训练计划

(1)主要任务:为运动员在各方面做出合理的安排。培养并保持理想的、最佳的竞技状态,参加比赛并力求实现预期的目标。

(2)内容和特点:训练内容和负荷安排全部围绕着使机体处于最佳状态来进行。比赛前应降低或保持一定的训练强度,比赛中根据情况适度安排一些赛间训练，防止运动员体力和水平的下降。

4. 恢复周的训练计划

(1)主要任务：采取积极的措施，通过降低训练负荷，消除运动员生理和心理上的疲劳，促进超量恢复的出现，为下一阶段的训练做好机能准备。

(2)内容和特点：降低负荷强度和量，训练的内容可以广泛而灵活，使运动员在精神和体力上完全得到恢复。

(三)散打课程训练计划的制订

1. 训练课的任务与类型

在训练课上，教练员的任务是向运动员传授知识，而运动员的任务是提高竞技能力。根据训练课基本任务的不同，可以将其分为单一训练课和综合训练课两种类型。

(1)单一训练课：集中精力和时间发展运动员某一方面的运动能力或完成某一项任务。例如，为发展运动员的身体素质而制定的身体训练课、培养运动员技术能力和提高战术能力的训练课，以及专项测验课等。

(2)综合训练课：选定 2～3 项训练内容，综合地发展多项竞技能力。例如，在课的准备部分安排柔韧性练习；基本部分安排拳法、腿法或攻防动作的练习；结束部分安排身体素质的练习。多个训练内容交替进行，发展运动员的综合能力。

2. 训练课的结构

训练课是根据训练的目的、任务和内容，并根据运动员不同的训练水平和状况，以及不同的训练阶段来确定的。通常情况下分为三个或四个部分。三个部分包括准备部分、基本部分和结束部分。这种训练课的结构比较适用于优秀运动员的训练课，另外在比赛阶段也较为适用。四个部分的结构包括开始部分、准备部分、基本部分和结束部分。这种结构对于运动员的初期训练和一般的分组训练课较为适用。通过开始部分的讲解、引言，介绍本节课的训练目的、任务和内容，便于运动员理解并配合，从而更好地执行训练计划。

(1)课的开始部分(介绍部分)：介绍训练课的任务、目的、内容和要求。检查运动员的出勤情况，对运动员分别布置训练任务，使运动员明确训练课的意图。开始部分讲解的时间不宜过长，应根据训练课内容的多少而定，一般为3～5分钟。

(2)课的准备部分(准备活动)：通过准备活动使运动员做好身体上和心理上的准备，克服身体在休息状态下的惰性，使身体尽快进入到训练状态。准备活动的方式、时间的长短和活动的强度与训练内容有着直接的关系。准备活动可以分为一般性准备活动和专项性准备活动。

①在一般性准备活动中，应该注意循序渐进地增加活动强度。从简单到较复杂的运动方式，达到机体供血量的增加，使体温升高，刺激呼吸中枢的活动，以此来充分调动身体技能的正常发挥。一般性准备活动的时间在15～20分钟，或者更长。可以进行全身从上至下的徒手操练习、轻度的跳跃练习、伸展肢体的柔韧练习、短距离的跑步练习等。此外，运动员还应该从精神上和心理上，为基本部分的练习做好准备，树立迎接困难和战胜困难的决心。

②在专门性准备活动中，所选择的运动方式应该取决于基本部分的内容。通过专门的运动，使身体从一般状态转变到即将承担的基本部分的训练状态中，为完成专项技战术练习做好必要的准备。专项准备活动的时间一般为5～10分钟。

在进行准备活动时，应该注意运动速度低于训练或比赛速度；练习内容应当是专门性的，与将要完成的技术、技能相似。准备活动的时间与负荷量应根据训练或比赛时间的长短而定，基本任务的负荷量越大、时间越长，准备活动的时间也应该较长。积极的准备活动、保证活动的轻松平稳,并配合按摩是最为有益的活动方法。

(3)课的基本部分:是决定训练质量的关键部分,各项训练目标主要是通过这个部分得以完成的。一般情况下课的基本部分的内容安排顺序是:

①学习、改进和完善技战术。

②提高、发展速度和协调能力。

③发展力量素质。

④提高耐力素质。

(4)结束部分:运动员在完成大强度的负荷之后,采用逐步降低强度的方法,科学地组织好课的结束部分,对训练后的恢复起着重要的作用。一般通过放松性的身体练习方法。例如,伸展性练习和小强度(低于最大强度的75%)的技术练习,可以促使机体中堆积的乳酸尽快消除,使多种代谢机能快速恢复。在最后的几分钟,教练员应对整个练习课进行总结、分析,这样对于解决技战术和心理等方面的问题都会大有益处。

3. 课时训练计划的制定

(1)制定训练课的任务

训练课任务的制定要与训练周的不同类型相对应。一次训练课可以是基础训练课、赛前训练课、比赛课和恢复课等。由于任务的不同,它可以是单一的也可以是综合的训练课。一般来讲,初级运动员的综合课相对多一些,准备期的综合课较比赛期的综合课多一些,课的任务以选择2～3项为宜。同时要注意合理安排训练任务的顺序,任务要明确具体。

(2)明确训练课的内容

训练内容的选择应该根据课的任务和训练进度而定。散打训练课的内容应该包括身体素质和技战术能力训练等。在单一的训练课中,内容的安排相对比较集中,适合于完成一些需时较长的训练内容,如基本技术的训练或者耐力的训练等。在综合训练课中,内容的安排相对较多且富于变化,在制订计划时需要注意不同训练内容的搭配,顺序安排要合理。例如,散打技术训练课的基本顺序是基本动作—拳法—腿法—摔法;技战术训练课是基本技术训练在前,战术训练在后;素质训练课是柔韧—速度—力量—耐力;技术与素质的综合训练课应该是学习和改善技术动作放在前面,速度、力量的练习在其中,最后是耐力内容的练习。注意,在变化训练内容前需要做一些专门的准备活动。

(3)明确组织形式与练习手段

在安排课的练习手段和组织形式时,要以训练目标和任务为指导思想。

①练习手段。必须以能否取得理想的训练效果为依据,遵循一定的程序,采用相应的手段进行练习。一般诱导性练习和专项练习多出现在课的基本部分,在运动员体力充沛的情况下,多采用完整技战术动作的练习。在选择发展运动素质的练习手段时,要特别注意符合动力学、解剖学和生理生化的特点。另外,训练手段的选择还应该遵循系统性和多样化的原则,同时注意各个练习手段之间的衔接,以及根据训练需要不断地发展、丰富训练的手段。

②组织实施。包括训练课各个部分的组织形式、分组的安排、队形队列、教练员和助教的教学位置、训练场地的安排布置及器材设备的利用等,都需要做出明确的计划安排。

某一训练手段对不同运动员的效果不同,因此,在训练中要注意根据每个运动员的技术水平和具体情况选择练习的手段。

(4)明确课的运动负荷

准备部分的负荷强度,大约以心率在120～150次/分钟的范围来衡量,时间在30分钟左右,一般准备活动和专项准备活动要结合进行。基本部分的负荷强度会出现几次高峰,在两项练习内容交换的间隙会处于低谷。学习和掌握技术动作时,运动负荷量应为中等或强度较小。在改进技战术动作时,负荷量应为中等,强度为中等或大。在提高身体素质的练习时,负荷量应从中等逐渐增大,强度则为小—中—大而变化。

三、散打训练的过程控制

散打运动训练的成效如何会受到多种因素的影响。就目前来看，尽管散打运动的发展较为顺利，但与足球、篮球等球类运动的训练相比，人们对散打训练的了解还是更少一些。就散打运动教练来说，对于训练的方式、方法、手段与理念的更新进展也较慢，训练过程出现偏差的可能性很大。训练计划的制订只能是在一定程度上缓解这个问题带来的困扰，除此之外，在训练中对训练过程进行监测与信息反馈等过程控制环节仍是必不可少的。只有不断地检测、纠偏和调整，才能最终实现散打训练的目标。

（一）训练过程的监测

1. 监测的类型和任务

对于散打训练的过程监测来说，会依据训练时间的周期长短将监测分成阶段监测、短期监测和临场监测三种。

（1）阶段监测的基本任务

阶段监测一般是在准备期和比赛期，或者每个大周期前结束进行一次。它的主要任务如下。

①测定运动员的身体机能和较为全面的运动素质。

②对运动员的阶段训练水平进行评测。

③发现阶段训练中出现的问题。

④根据本阶段监测情况为下一个阶段的训练提供依据。

（2）短期监测的基本任务

①对训练中的项目对运动员机体能力起到的效果进行测定。

②评价运动员机体对不同性质训练内容的负荷反应。

③将运动员的身心水平调整到适合训练的状态。关注运动员的疲劳情况以及注意其后的恢复。

(3)临场监测的基本任务

临场监测的主要场合是训练课。其监测的内容主要为训练课的负荷以及对比赛的现场监测。

2. 监测的内容和方法

(1)对身体训练程度的监测,包括对运动员起始状态的监测。具体内容如下。

①运动素质的测评:与散打运动紧密相关的五大身体素质,力量、速度、耐力、柔韧和灵敏。

②机能状态的测评:心率、最大吸氧量和血乳酸等生理指标。

(2)对技战术能力的监测。

①对散打技能形成过程的监测主要是对如下三个阶段的监控。

在学习阶段的监测重点为运动员技术动作的规范性、技术选择和用法。

在引导阶段的监测重点为运动员对已经掌握的技术动作是否能适时做出反应,提高对动作运用的时机、方位和距离的认识。

在实战阶段的监测重点为运动员在实战训练或真正的实战中动作的实效性与合理性。

②对散打运动员技战术训练的监测主要为通过实战来检查、分析运动员的技术动作和战术效果,以及实战时的心理状态。

(3)对运动负荷的监测包括对训练负荷和比赛负荷的监测。只有训练与比赛负荷恰当,才能给运动员带来更好的训练效果。安排欠佳的训练负荷不仅达不到良好的训练效果,还会增加运动性伤病的风险。散打比赛的负荷比训练更大,对这方面的负荷监测也不能忽视。

(二)训练过程的信息反馈

1. 训练信息与反馈的含义

训练信息可以反映出运动训练系统自身的各种状态和特征。

通过获得这些信息的反馈可以了解到训练中存在的各种优势与不足，找寻问题产生的源头，由此作为修改原训练计划的依据，然后再将修改后的计划投入实践，以获得对之前训练中存在的不足的弥补。这要求对采集到的训练信息中涉及运动员的部分应该及时告知，其他与训练组织相关的信息则应该加以保留供日后研究。

2. 训练信息反馈的渠道与方式

训练信息反馈的渠道主要为语言、动作、表情、训练氛围等。

首先，散打训练中由于教练员需要大量使用语言法、示范法和指导法等教学方法，因此在上述教学方法进行的过程中教练员还要注意观察运动员的学习状态，获得第一手反馈信息，即运动员是否对自己所讲的内容感兴趣或能否听得懂。

其次，运动员在训练中，凭自身的本体感觉、视觉和听觉了解自己，加强自我评定，随时调整自己的动作，改变训练方法。

鉴于上述两种获得信息反馈的渠道不同，也就决定了信息反馈的传递方式有两种，一种为同步传递，另一种为滞后传递。

在训练中，教练员应该根据运动员的年龄、性别和训练水平，采取不同的信息传递媒介与方式。在现代高科技设备普遍运用到体育训练领域当中后，教练员也可以借助一些如身体机能监测仪等获取运动员的生理指标。只有运用各种不同的信息对训练进行多学科综合的分析与指导，运用准确、有效的反馈信息进行监控，才能够使运动训练达到更高的水平。

第四章 散打运动技能基础训练

在散打运动技能系统中，体能、心能及智能是非常重要的基础技能，对散打运动员的这些基本技能进行培养，需要组织科学系统的训练，运动员只有经过长期的训练，才能获得稳定的基础技能，才能为技战术技能训练与提高奠定基础，从而不断提高自己的散打技能水平，取得更好的训练成绩和比赛成绩。本章主要就散打运动体能训练、心能训练及智能训练进行研究。

第一节 散打体能训练

一、力量素质训练

人体肌肉系统在工作时对阻力加以克服或进行对抗的能力就是力量素质。一般可以将力量素质分为三种类型，分别是最大力量、速度力量和力量耐力，这三种力量素质的特点具有一定的区别，因此训练方法也有差异。

（一）最大力量训练方法

散打运动员进行最大力量训练时，通常安排最大负荷强度的75％～80％即可，每个训练方法可重复 8～12 次，从而不断巩固与提高训练效果，具体训练方法如下。

1. 卧推杠铃

在长凳上仰卧做好准备，连续卧推杠铃 8～12 次。

2. 杠铃屈臂

双脚向左右方向分开而立，双手将杠铃反握住并提到腹前，两臂以肘关节为轴连续屈伸。

3. 高翻杠铃

半蹲，双手将杠铃握住，并提到胸前位置，腕关节翻转成胸前握姿势，然后将杠铃放下，反复练习。

4. 负重收腹

仰俯，固定两脚位置，双手将杠铃片举到顶后，连续进行收腹练习。

5. 负重深蹲

将杠铃举到肩膀位置，深蹲起立，蹲起时脚跟上提。

6. 负重俯卧体后屈

俯卧，固定两脚位置，双手将杠铃片举到顶后，身体抬起，反复练习。

7. 单杠引体

两手将单杠握住，连续做引体向上动作。练习时，下额要比横杠高，引体向上时，胸部要高于横杠，这样才对背阔肌的增强有利。上拉时腿不要摆动或前后蹬，可在两脚上系上重物，反复进行练习。

(二)速度力量训练方法

速度力量的训练有很多方法，负荷强度具体要根据训练方法来定，常见训练方法如下。

1. 负重弹跳

负重弹跳中，运动员所负重物通常是杠铃或沙袋，负荷强度以最大负荷强度的30％左右为宜，做弹跳动作时要结合各种步法而连续进行练习。

2. 卧推杠铃

以最大负荷强度的95％～100％为宜，推起时辅以助力，放下时要给予保护。

3. 站立快速平推杠铃

双脚前后或左右开立，双手将杠铃握住并提到胸前位置，负荷以最大负荷强度的30％～50％为宜，向前平推杠铃时速度必须要快，如此反复进行。

4. 握拉力器(橡皮带)冲拳

固定拉力器的另一端，成实战姿势冲拳。

5. 握轻哑铃冲拳

手握轻哑铃或其他短铁棒，做好实战准备姿势，练习各种散打拳法。

需要注意的是，练习过程中，要将不负重空击动作练习加入其中，交替进行。

6. 负重做腿法练习

将沙袋绑在腿上，练习各种散打腿法，如蹬、踹、弹等。

需要注意的是，练习过程中，要将不负重空击动作练习加入其中，交替进行。

(三)力量耐力训练方法

在散打力量耐力训练中,负荷强度以最大负荷强难度的25%~40%为宜,多次重复练习,甚至达到个人的极限,具体以运动员的实际情况来安排重复组数。

1. 推小车

手臂伸直俯撑在地上,挺直身体,同伴将练习者的双踝握住,并将其身体抬起,练习者双手前移快速爬行,也可以两手同时推离地面向前跳行。

2. 俯卧撑

身体在垫子或长凳上做好俯卧姿势,屈臂支撑身体,双臂迅速用力伸直。也可以两手握拳或十指撑在地上,以增加难度,提高练习效果。

3. 蹲步换踢

双膝弯曲做全蹲姿势,起立后做腿法动作,左右腿交替练习。

4. 俯卧两头起

在垫子或长凳上俯卧,两臂向前伸展,并拢两腿并完全伸直,两臂和两腿同时上抬成背弓姿势,然后迅速还原,按照相同的方法反复练习。

二、速度素质训练方法

(一)打移动靶法

教练员或同伴手持靶,移动中突然示靶,练习者观察靶位,根据观察与判断快速反应,采用相应的散打组合动作来完成打靶动作。教练员或同伴可以用靶反击练习者，练习者迅速防守，为下一次击靶做好准备。

（二）条件实战法

两名练习者一组，一名练习者为主动进攻方，另一名练习者为防守反击方，防守反击练习者要以主动进攻练习者的动作为依据有选自地采用恰当的方法反击。

对于进攻或防守反击的动作，教练员也可先规定好，然后再由练习者自由选择进攻与防守反击动作。

（三）负重训练法

将小沙袋绑在腿上或手持小铁棒做空击动作。

需要注意的是，练习过程中，要将不负重空击动作练习加入其中，交替进行。

（四）"影子"训练法（空击训练法）

想象对手做各种防守反击与进攻动作，也可用自己的影子与自己展开练习。

（五）实战和比赛法

散打运动员要在训练中提高自己的反应能力，就要多参加实战和比赛训练，实战训练中，要安排不同的对手相互切磋，从而给练习者增加新的刺激，使练习者随机应变的能力得到提高。

三、耐力素质训练方法

（一）跳绳

单脚跳（两腿交替）或双脚跳均可，跳绳频率不变，跳 8～10 分钟或更长时间。通过跳绳，不但能够使运动员的耐力素质得到有效提高，还可促进运动员协调性、节奏感和踝关节弹跳力的增强，同时促进运动员步法灵活性的提高。

（二）越野跑

在越野跑训练中，一般以心率为指标来安排运动强度，心率以 150 次/分钟为宜，负荷时间一般在半小时到一个小时之间。

（三）间歇跑

间歇跑中，一般以密度大、间歇时间短的中短距离跑为主，如 60～80 米间歇跑、100～400 米变速跑。心率以 170～180 次/分为宜，完成一组练习后，心率下降到 130 次/分左右时，开始练习下一组动作。

（四）打沙袋

采用各种不同的散打拳法和腿法连续击打沙袋，负荷时间通常为 2～3 分钟，共进行 5～8 组练习，每组练习之间安排 1 分钟间歇时间。

（五）空击

练习者采用散打运动中的各种攻守动作连续不断地练习，练习速度要快，动作要连贯协调。负荷时间以 2～3 分钟为宜，共进行 5～8 组练习，每组练习之间安排 1 分钟间歇时间。

（六）坐桩

坐桩练习一般在实战形式或条件实战中进行，安排一名练习者坐桩，连续 3～5 局，每局持续 2～3 分钟，每局之间安排 1 分钟间歇时间，每局换一名体力充沛的练习者与坐桩者展开实战。

通常不适合在基础训练阶段展开展坐桩练习，即使运动员散打技能水平较高，也不宜安排过多的坐庄练习，以免运动员在体力不足时，将动作的正确定型破坏。

(七)打靶

练习者在前进、后退等移动中用规定动作连续打手靶或脚靶,负荷时间以2～3分钟为宜,共进行5～8组练习,每组练习之间安排1分钟间歇时间。

四、柔韧素质训练方法

(一)各关节柔韧素质训练

1. 肩关节

(1)向内拉肩

练习者站立,一侧肘关节抬到肩部,屈肘交叉于另一只臂。另一只臂抬到肩部将对侧肘关节抓住后拉(图4-1)。

两臂互换重复进行练习。

(2)向后拉肩

练习者自然站立,双手于背后合掌,十指向下,转腕使十指朝上。尽最大力向上移双手,肘向后拉(图4-2)。

根据个人情况重复练习数次。

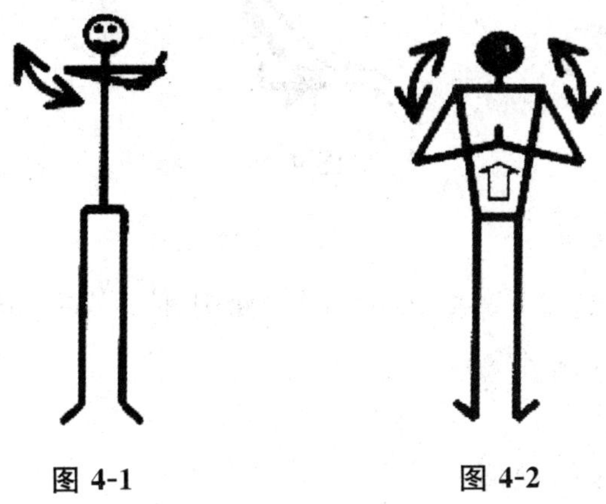

图4-1　　图4-2

(3)背向拉肩

与墙背对而立,双臂向后抬到与肩同高,伸直手臂扶在墙面上,十指向上。呼气,屈膝(图 4-3)。

图 4-3

(4)助力顶肩

两名练习者一组,一名练习者在前跪立在垫子上,双臂上举,双手交叉于身后同伴的颈部。同伴身体后仰,以髋部将练习者的肩胛向前上方顶(图 4-4)。

图 4-4

(5)助力转肩

练习者一臂 90°弯曲侧举,同伴将其肘关节固定住,将练习者的手腕向后推(图 4-5)。

两臂交换练习。

(6)单臂开门拉肩

练习者双脚前后开立,臂肘关节外展到与肩同高。前臂向上，掌心与墙相对。上体尽力转向对侧以充分拉伸肩部(图 4-6)。

两臂交替练习。

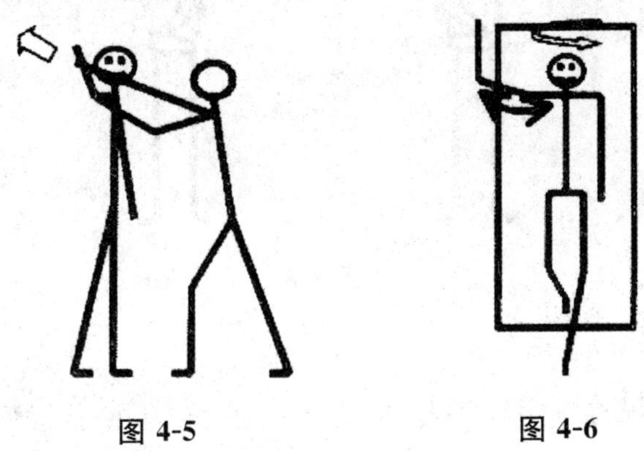

图 4-5　　图 4-6

(7)握棍直臂绕肩

双手于髋前握木棍，吸气，手臂伸直将木棍从髋前经头上绕到髋后。再绕回髋前(图 4-7)。

图 4-7

2. 腕关节

(1)压腕

双臂屈肘与胸部齐高，用一手掌根部顶在另一手四指末端，用力压(图 4-8)。

双手交替练习。

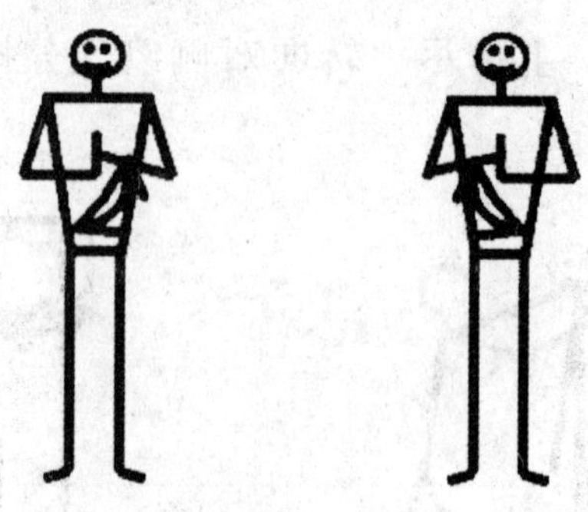

图 4-8

(2)跪撑正压腕

直臂跪撑在地面,手指向前。向前移动重心。恢复,如此反复练习(图 4-9)。

图 4-9

(3)跪撑侧压腕

直臂跪撑在地面,手腕靠拢,慢慢前后移动重心,注意调整呼吸(图 4-10)。

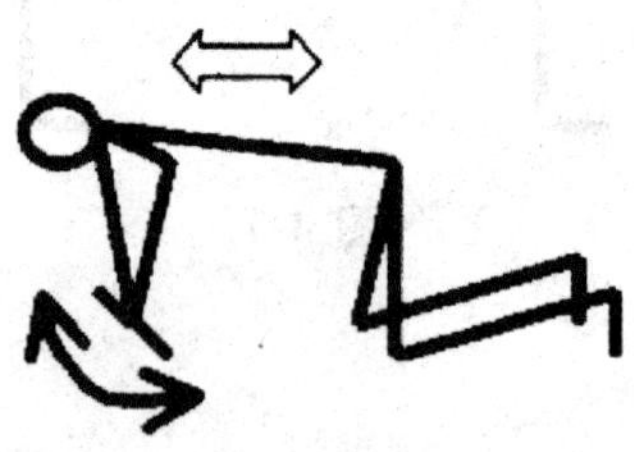

图 4-10

(4)跪撑反压腕

直臂跪撑在地面,双手分开,十指朝后。慢慢向后移动身体重心,逐渐恢复,如此反复练习,注意调整呼吸(图 4-11)。

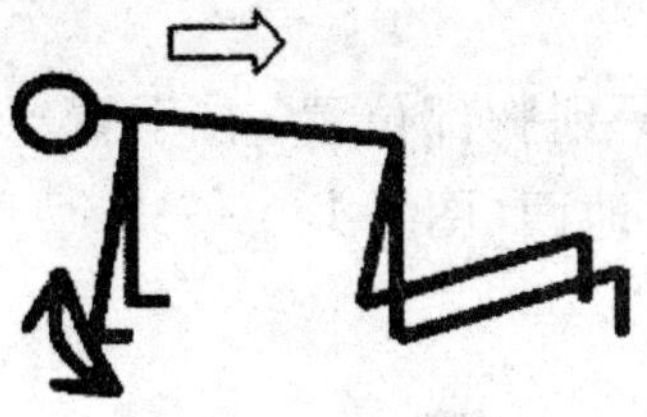

图 4-11

(5)向内旋腕

直臂于体前合掌,手腕内旋,双手分离,反复进行(图 4-12)。

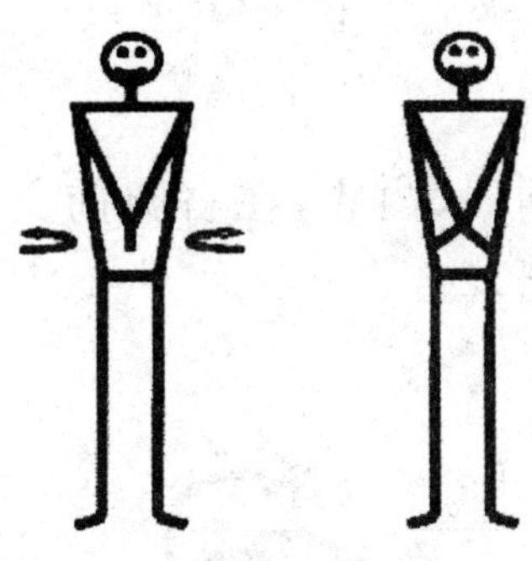

图 4-12

3. 髋关节

(1)弓箭步压髋

弓箭步姿势,前腿 90°屈膝。双手叉在两腰侧。重心降低,直至后腿膝盖着地。后腿髋部用力下压(图 4-13)。

双腿交替练习。

图 4-13

(2)仰卧转压腿

仰卧姿势,左腿提到胸部位置,右手置于左膝外侧,用力将左膝横向压到身体右侧地面(图 4-14)。

左右腿交替进行。

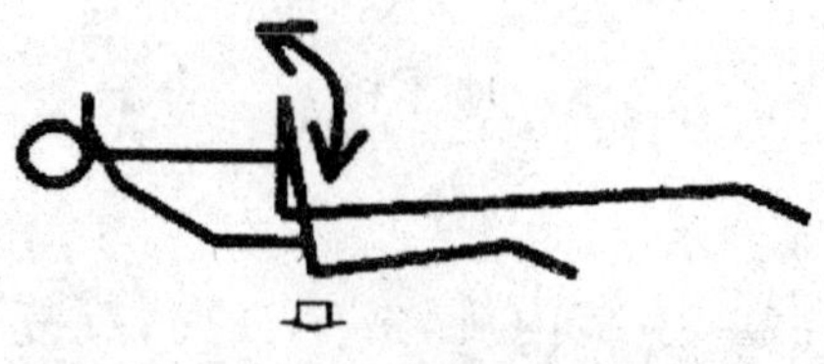

图 4-14

(3)身体扭转侧屈

自然站立,左腿伸展、内收,在右腿前交叉。身体右屈,双手努力抓左脚踝(图 4-15)。

左右侧交替进行。

图 4-15

(4)台上侧卧拉引

在台子上侧卧,上腿直膝后移,悬在地面与台子中间(图 4-16)。

两腿交替进行。

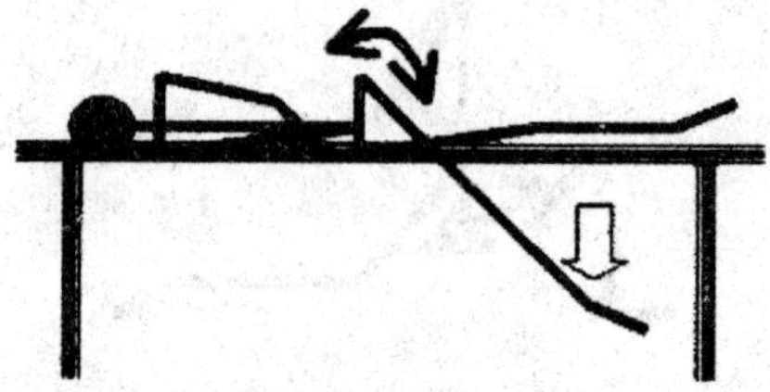

图 4-16

(5)仰卧髋臀拉伸

平卧在台子边缘,外侧腿悬空。吸气,内侧腿膝盖弯曲,双手抱内侧腿膝盖向胸部方向缓慢拉(图 4-17)。

图 4-17

(6)仰卧交叉腿屈髋

仰卧,左腿在右腿上交叉,双手交叉抱头。呼气,屈右膝,右脚抬离地面。将左腿缓慢推向头部方向(图 4-18)。

双腿交替练习。

图 4-18

4. 踝关节

(1)跪撑后坐

直臂跪撑在地面上,呼气,臀部向后向下移动,逐渐恢复,重复进行(图 4-19)。

图 4-19

(2)上拉脚趾

左小腿放在右大腿上,左手将左脚踝关节抓住,右手将左脚脚趾和脚掌抓住，将左脚脚趾向脚背方向拉引（图 4-20）。

两脚交替，注意调整呼吸。

（3）下拉脚趾

左小腿放在右大腿上，左手将左脚踝关节抓住，右手将左脚脚趾和脚掌抓住，将脚趾向脚掌方向拉引（图 4-21）。

两脚交替，注意调整呼吸。

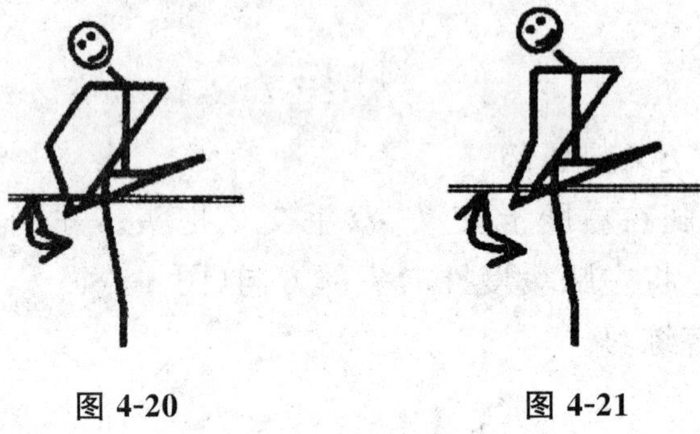

图 4-20　　图 4-21

（4）踝关节向内拉伸

左小腿放在右大腿上，一手抓左小腿，一手抓左脚外侧，将踝关节外侧向内拉引（图 4-22）。

两脚交替练习。

（5）脚趾上部拉伸

双脚前后分开而立，前膝弯曲，脚趾撑地，双手置于前大腿，身体重心慢慢向前腿脚趾移动，然后缓慢下压（图 4-23）。

两腿交替练习。

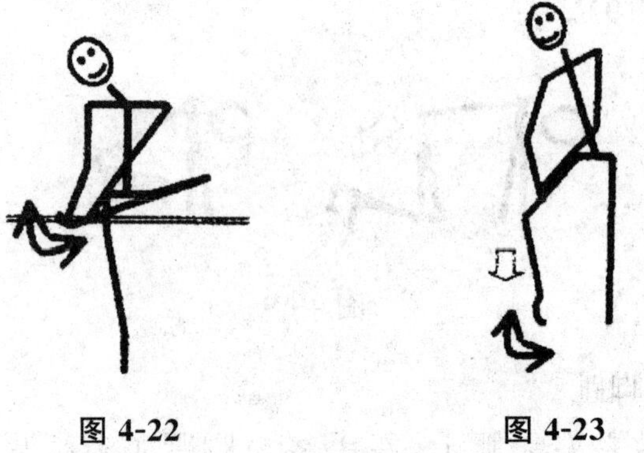

图 4-22　　图 4-23

(6)脚趾下部和小腿后部拉伸

对墙而立，双手扶墙，双脚前后分开，前脚和墙间隔 50 厘米左右的距离。身体前倾。后脚与墙正对，脚跟贴地。呼气，提后踵，后脚掌支撑身心重心，逐渐下压(图 4-24)。

左右腿交替练习。

图 4-24

(二)各部位柔韧素质训练

1. 颈部

(1)前拉头

自然站立，双手交叉抱头，向下拉头，直至下颌与胸部接触，慢慢还原，反复进行(图 4-25)。

图 4-25

(2)侧拉头

自然站立,左肘弯曲置于身后,头靠在右肩上,右臂将左肘抓住并向右拉,直至左肘位于身体中线右侧(图 4-26)。

两臂交替练习。

图 4-26

(3)后拉头

自然站立,头慢慢后仰,双手置于前额,将颈部向后拉(图 4-27)。

(4)仰卧前拉头

仰卧在垫子上,两腿屈膝,双手交叉抱头并向胸部方向拉,肩胛始终不离地,注意调整呼吸(图 4-28)。

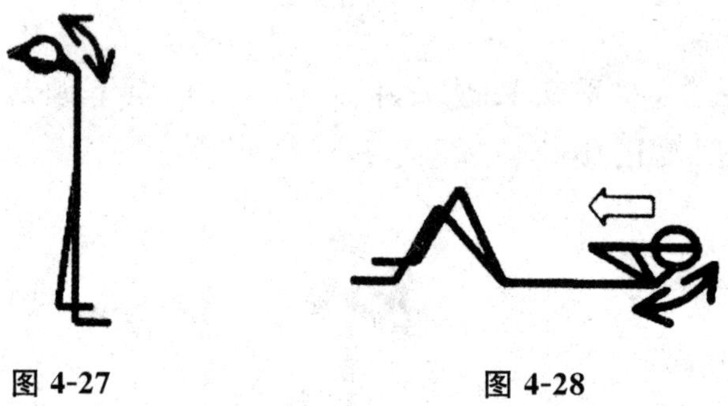

图 4-27　　　　图 4-28

(5)团身颈拉伸

仰卧在垫子上,举腿团身,重心放在头后部和肩部,双手将腿抱住并拉向胸部,双膝始终不离地(图 4-29)。

(6)持哑铃颈拉伸

自然站立,右手持哑铃自然落在体侧,右肩下沉。左手抱头右侧并向左拉，直至头靠在左肩(图 4-30)。

左右两侧交替进行。

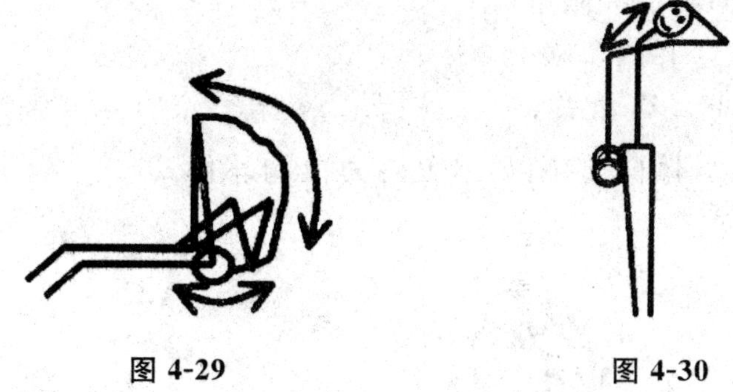

图 4-29　　　　图 4-30

2. 胸部

(1)跪拉胸

双膝跪撑，身体前倾，两臂交叉置于台子上。呼气，头、胸下沉触地(图 4-31)。

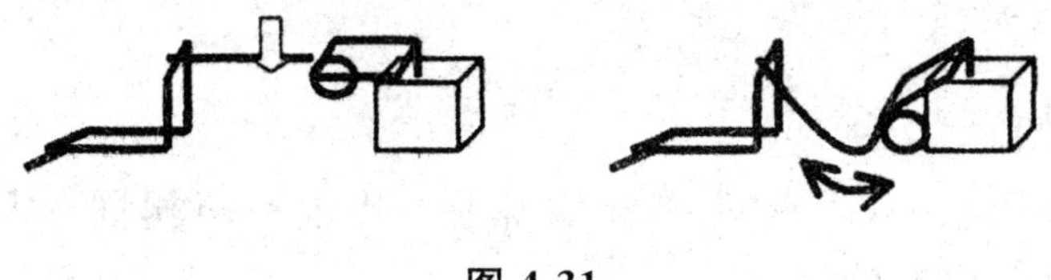

图 4-31

(2)开门拉胸

双脚前后分开而立，肘关节外展与肩同高。双臂扶墙。身体向前倾以最大的力拉胸(图 4-32)。

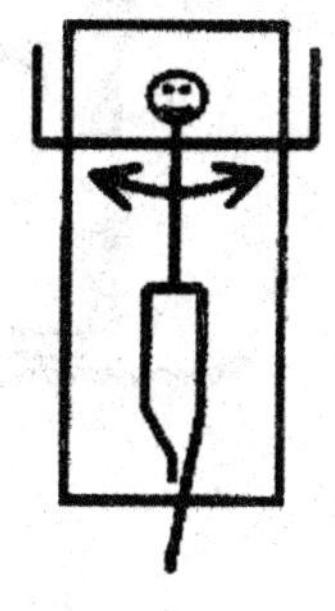

图 4-32

(3)坐椅胸拉伸

坐在椅子上,双手交叉抱头。手臂向后移,上体向后仰,将胸部尽量拉伸到最大限度(图 4-33)。

(4)直臂开门拉胸

双脚前后分开而立,双臂斜上举,扶在墙上,要高于门框顶部。呼气,身体向前倾,尽最大的力拉胸(图 4-34)。

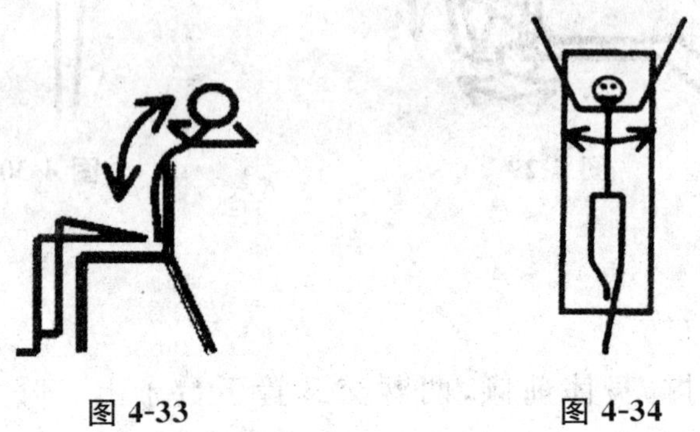

图 4-33　　　　图 4-34

3. 腹部

(1)俯卧背弓

俯卧屈膝,双手将两脚脚踝抓住,上体和两腿同时抬高,胸、膝不能触垫(图 4-35)。

(2)跪立背弓

跪在垫子上,双手置于臀上部,保持背弓姿势,臀部肌肉收缩送髋。头向后仰,双手逐渐向脚跟移动,加大背弓(图 4-36)。

图 4-35　　　　图 4-36

(3)上体俯卧撑起

俯卧姿势,呼气,直臂撑地,向后仰头,保持背弓姿势(图 4-37)。

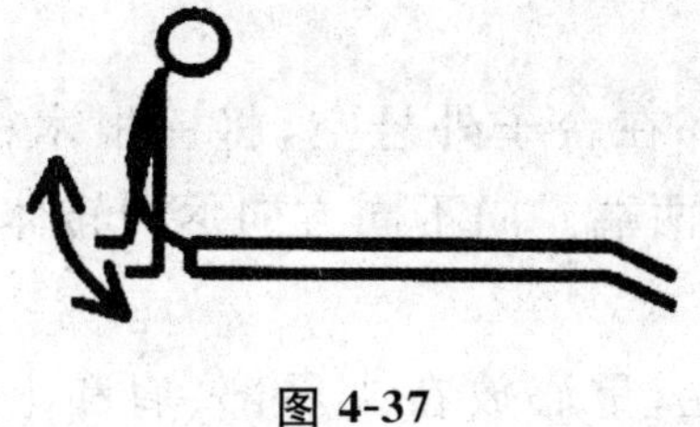

图 4-37

4. 背部

(1)坐立拉背

屈膝坐立,上体贴在大腿上,双手将腿抱住。呼气,上体逐渐向前倾,手臂向前拉背,避免双脚离地(图 4-38)。

(2)站立伸背

两脚并立,上体前曲直至平行于地面,双手将栏杆握住,手臂伸直,直膝,屈髋。呼气,上体下压,成明显的背弓姿势(图 4-39)。

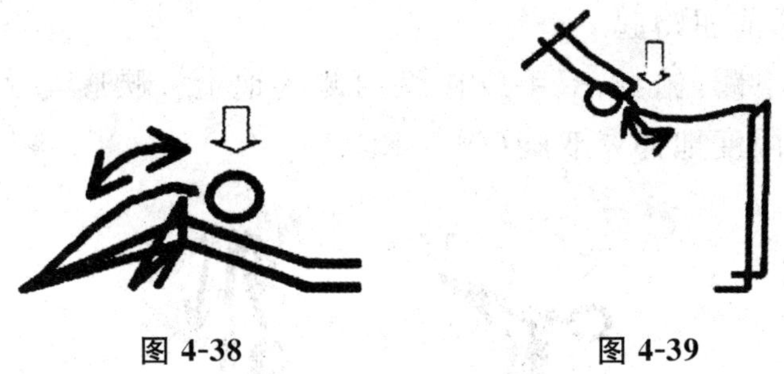

图 4-38　　图 4-39

5. 腰部

(1)仰卧团身

仰卧屈膝,双脚向臀部移动靠近。双手扶在膝下。呼气,双手用力将双膝拉向胸部和肩部方向,髋离地(图 4-40)。

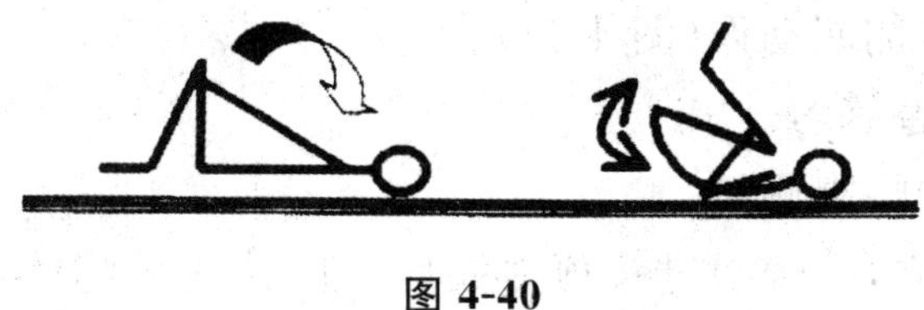

图 4-40

(2)俯卧转腰

俯卧,头至胸部在台子外悬空,将一根木棍扛在肩后。双手在身体两侧抓木棍两端。向不同方向尽力转体(图 4-41)。

(3)倒立屈髋

仰卧,垂直倒立,重心放在头后部、肩和上臂,双手扶在腰两侧。呼气,直膝并腿,双脚向地面缓慢下移(图 4-42)。

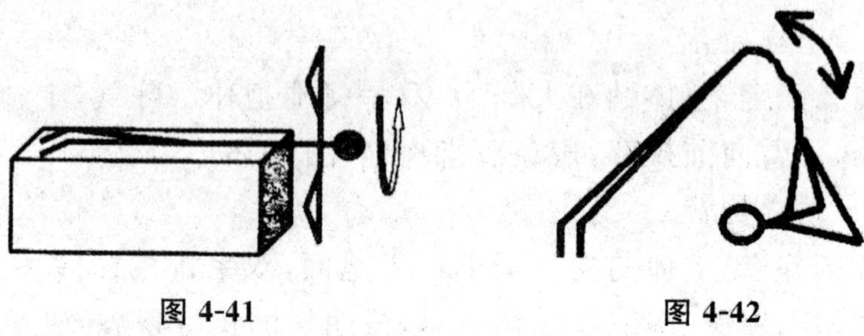

图 4-41　　　　图 4-42

(4)体前屈蹲起

屈膝下蹲,俯身,双手放在脚两侧的地上。腰腹与大腿紧贴。然后最大限度地伸展双腿(图 4-43)。

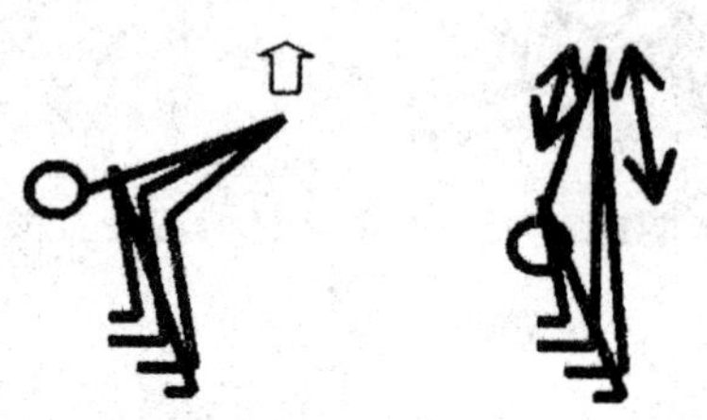

图 4-43

(5)站立体侧屈

自然站立,双手交叉,展臂举过头顶。呼气,头靠在一侧肩上,尽力做体侧屈动作(图 4-44)。

两侧交替练习。

(6)助力腰腹侧屈

自然站立,一臂举过头顶并屈肘。同伴一手将练习者髋部固定好,一手将练习者上举臂的肘部抓住,练习者在同伴的帮助下上体尽力向下垂臂一侧屈(图 4-45)。

两侧交替练习。

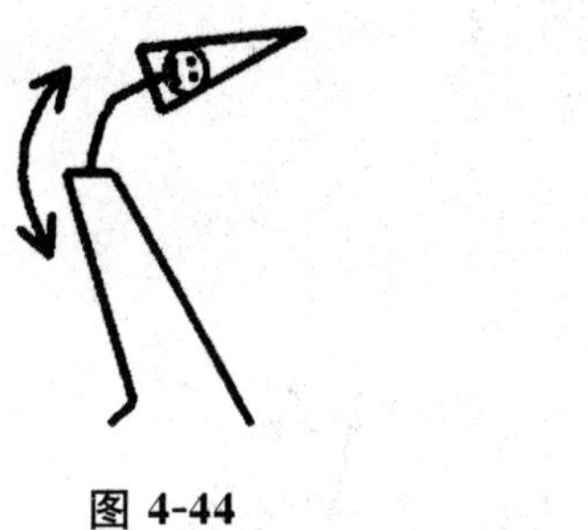

图 4-44

图 4-45

6. 腿部

(1)大腿前部

①坐压脚

跪立,臀部落在脚跟上,坚持 10 秒,然后放松。反复进行练习(图 4-46)。

②分腿拉脚

两腿一前一后(右腿前,左腿后)分开,右腿 90°屈膝,左腿膝关节着地,右手扶地。上体向前倾,左手体后将左脚抓住,使左脚靠向臀部(图 4-47)。

双腿交替练习。

图 4-46

图 4-47

③扶墙上拉脚

一手扶墙,一腿屈膝上提。呼气,另一手将提膝腿一侧的脚背抓住,拉向臀部(图 4-48)。

④垫上仰卧拉引

跪立，臀部坐落在垫子上，身体后倒，同时呼气，背部平躺在垫上(图 4-49)。

图 4-48　　图 4-49

⑤台上仰卧拉引

仰卧，内侧腿膝盖弯曲，内侧脚向臀部移动，髋关节固定。内侧手抓在内侧膝下。呼气，外侧腿悬空，外侧手将外侧脚踝抓住，拉向臀部(图 4-50)。

两腿交替进行练习。

⑥台上平卧拉引

平卧，外侧腿悬空。内侧手将外侧脚踝抓住，拉向臀部(图 4-51)。

两腿交替进行练习。

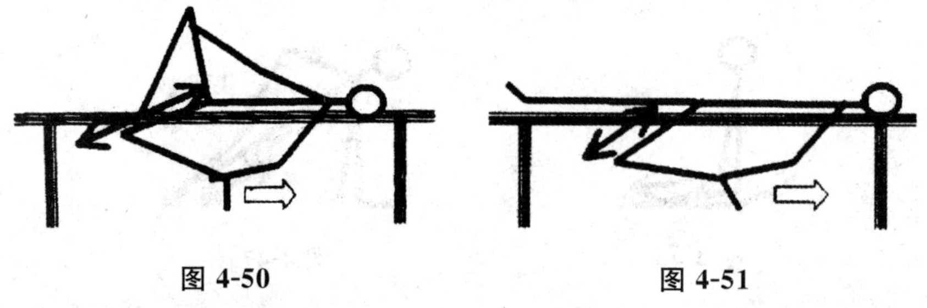

图 4-50　　图 4-51

⑦坐立后仰腿折叠

基本坐姿，一腿折叠，呼气，身体向后仰，由双臂和肘关节支撑，逐渐移动上体，直至背部在地面上平躺(图 4-52)。

图 4-52

(2)大腿后部

①压腿

在台子前自然站立，右腿在台子上充分伸展，左腿直膝站立。呼气，髋关节与台子正对。上体前倾向右大腿靠近(图 4-53)。

两腿交替练习。

②坐压腿

坐姿，屈右膝，脚跟抵在左大腿内侧。呼气，上体前倾向左大腿贴近(图 4-54)。

两腿交替练习

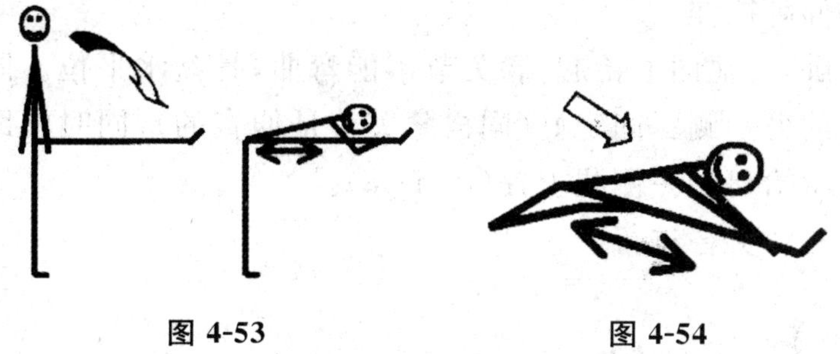

图 4-53　　　　图 4-54

③坐拉引

坐姿，双腿伸直，双手在体后直臂撑地。一腿屈膝，一手将屈膝一侧脚跟内侧抓住并上提，使屈膝腿垂直地面(图 4-55)。

左右腿交替练习。

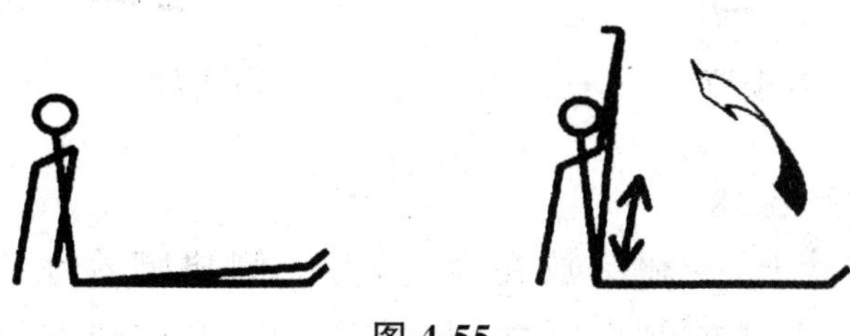

图 4-55

④仰卧拉引

仰卧在地面上，双膝弯曲。吸气，左腿直膝上举垂直地面。呼气，左腿继续向头部方向拉引，膝关节不能弯曲(图 4-56)。

两腿交替进行。

图 4-56

⑤站立拉伸

背贴墙，吸气，一腿向上抬起，膝关节不能弯曲。同伴将练习者上抬腿的踝关节抓住，使其尽可能向上举腿(图 4-57)。

左右腿交替进行。

⑥仰卧拉伸

仰卧，一腿向上抬起，膝关节不能弯曲，骨盆水平位。同伴将练习者的另一侧腿固定好(同样膝关节是伸直的)，同时辅助练习者继续将抬起的一侧腿上提(图 4-58)。

左右腿交替进行。

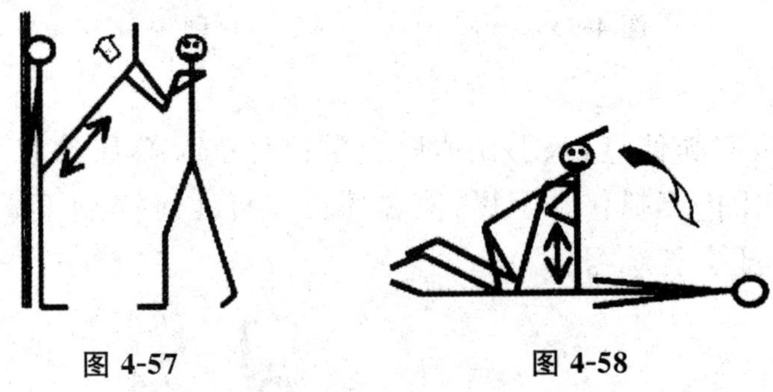

图 4-57　　图 4-58

⑦长凳坐压腿

坐在长凳上，一腿平放在凳上，另一侧腿脚着地。双手交叉抱头。呼气，上体前倾向平放腿大腿靠近，平放腿和背部始终保持伸展状态(图 4-59)。

左右腿交替进行。

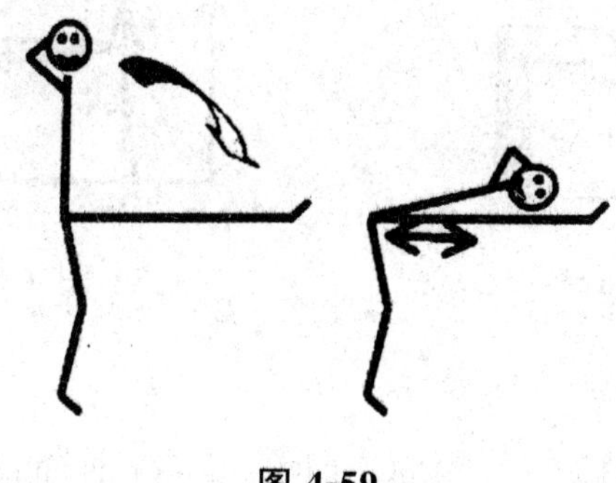

图 4-59

(3)大腿内侧

①青蛙伏地

跪立,肘关节撑地。呼气,两腿继续向两侧分开更大的距离,同时两臂向前伸展,保证胸和上臂完全在地面上(图 4-60)。

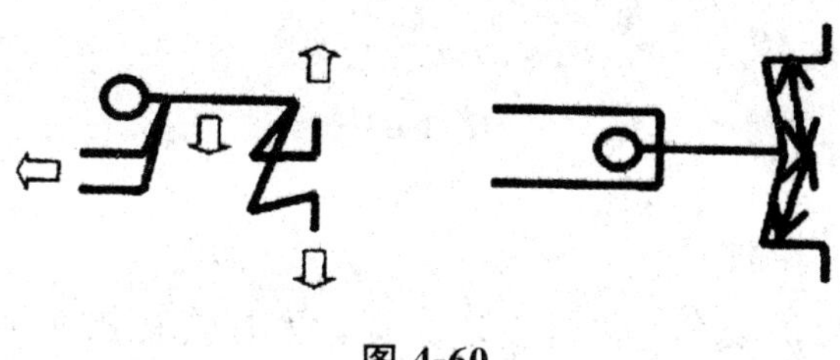

图 4-60

②体侧屈压腿

侧对台子而立,一脚放在台子上。双手交叉举在头顶上方,呼气,身体向台子一侧倾斜(图 4-61)。

双腿交替练习。

③扶墙侧提腿

双手扶在墙上,吸气,一腿屈膝向同侧方向提起。同伴将练习者踝、膝关节抓住,使练习者最大程度地提膝侧抬,注意调整呼吸(图 4-62)。

双腿交替练习。

图 4-61　　图 4-62

④跪撑侧分腿

跪姿,直臂撑地。一腿向后伸展,平行地面,呼气,屈肘,跪撑腿一侧髋部下移触地,并外转(图 4-63)。

双腿交替练习。

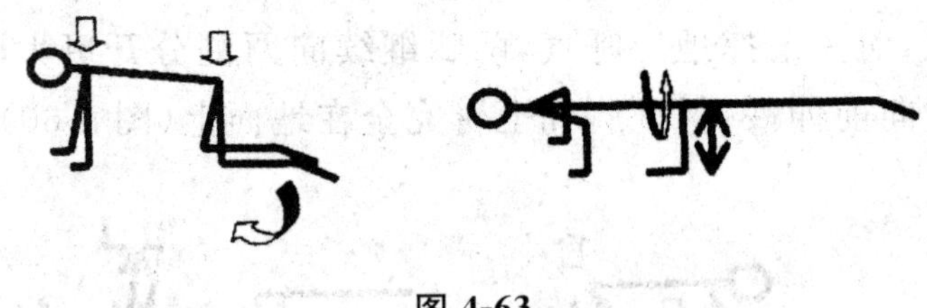

图 4-63

⑤弓箭步拉伸

弓箭步准备姿势,后脚 90°外旋,双手放在腰间两侧。呼气,前脚向前移动,后腿一侧的髋部下压(图 4-64)。

双腿交替练习。

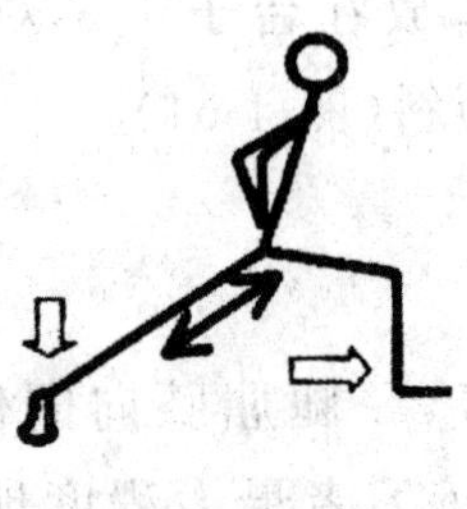

图 4-64

⑥顶墙坐拉引

臀部顶墙而坐，屈膝展开，上体前倾，双手将脚掌握住尽量将其拉向腹股沟，胸部贴在地面。呼气，慢慢还原（图 4-65）。

图 4-65

⑦分腿坐体侧屈

大幅度分腿直膝而坐，左臂置于髋前位置，右臂伸向头顶。呼气，上体左侧屈（图 4-66）。

两侧交替进行练习。

⑧肋木大腿滑拉

扶肋木而立，右脚放在肋木上，高度与髋齐平，左脚撑地，平行于肋木。呼气，左脚最大限度向肋木的相反方向滑动（图 4-67）。

双腿交替练习。

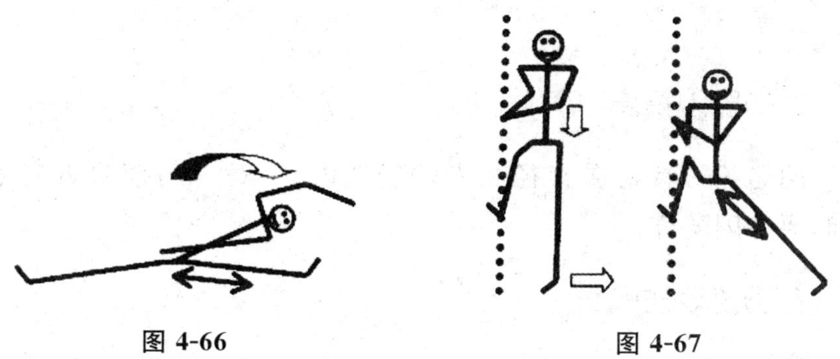

图 4-66　　图 4-67

⑨直膝分腿坐压腿

坐姿，双腿分到最大程度，呼气，左转体，上体贴近左大腿，双腿和腰背充分伸展（图 4-68）。

两侧交替进行练习

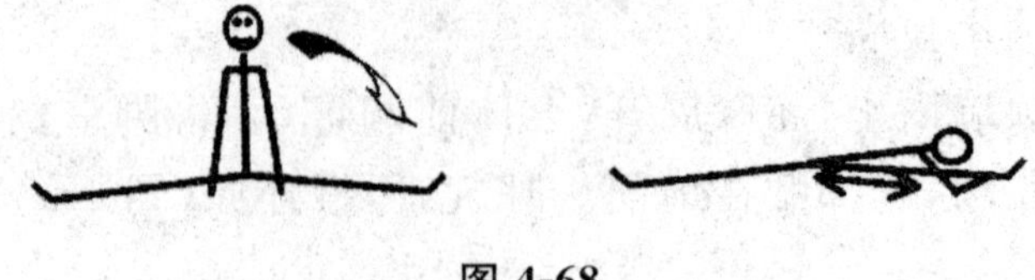

图 4-68

(4)小腿

①单脚跪拉

跪姿,臀部落在两脚脚跟,直臂撑地。一腿伸直缓慢前移,呼气,膝关节下压并移向脚趾前。

两腿交替练习。

②俯撑拉伸

做俯卧撑准备姿势,双手慢慢移向双脚,髋部上抬。脚跟慢慢下压到地面,两脚交替练习。

③坐拉脚掌

坐姿,双腿分开,右腿屈膝,脚跟贴近左大腿内侧。呼气,上体前倾,左手将左脚掌抓住并拉向身体方向。

两腿交替练习。

五、灵敏素质训练方法

(一)躲闪摸肩

两名练习者站在直径 2 米的场地内,一对一巧摸对方肩部,同时要躲闪防守。

(二)游戏法

游戏训练法有利于将运动员的情绪激发出来,使运动员情绪高涨。例如,在“投人”游戏练习中,让练习者在规定区域内或擂台上,安排四个人分别站在四边,四人用球或拳套等软物通过传递、投击练习者。练习过程中,练习者不仅要快速调整自己的位置,还要不断闪躲,防止被球或拳套击中,这样可以促进灵敏素质的提高。

第二节　散打心能训练

一、心能的概念

散打运动员在进行训练和竞赛时，承受对身体能量产生积极或消极作用的心理活动过程及其能力就是所谓的心能。

在散打训练或比赛中，心理能量强的运动员一般也拥有较强的身体能量，这有助于运动员正常或超常发挥自己的竞技水平，如果运动员没有较强的心理能量，那么其本来的身体能量也会减弱，而且还会导致运动员无法正常发挥自己的竞技能力。运动员的心理能量主要受情感力和意志力的影响，这主要反映在其心理能量的强弱中。精神和物质同时支配着人的活动，其中物质指的是身体机能，精神指的是情感力、意志力等心理因素。人的身体活动以物质为基础，但主要是受精神支配和调节的。运动员的心理能量反映了其精神的作用，心理能量会在很大程度上影响运动员的行为，运动员心理能量支配和调节行为的能力直接影响身体能量输出功率。所以，心理能量强的运动员可以更好地支配和调节体能，提高体能水平，而心理能量较弱的运动员难以对自身体能及行为进行良好的支配和调节，会导致体能下降。这就是体育运动领域中所反映出来的物质变精神、精神变物质的规律。

二、散打运动员心能的构成要素

在人体运动的功能系统中，运动员体能、心能、技能的发挥主要由心能调节，心能的结构要素主要包括意志力和情感力，如图 4-69 所示。

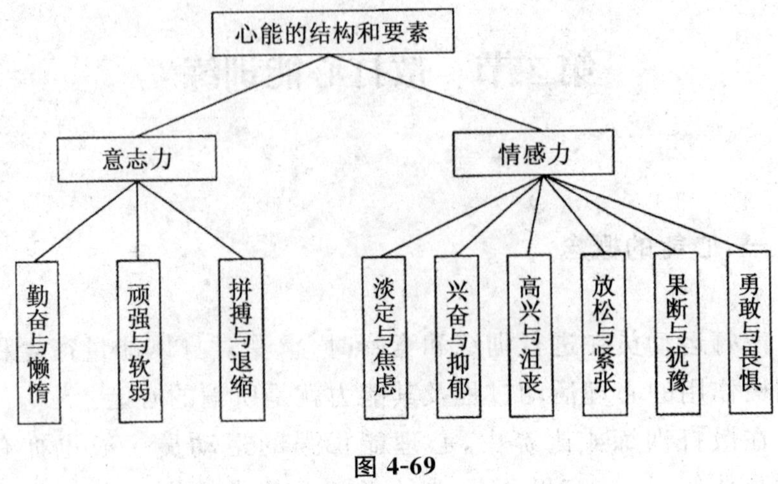

图 4-69

（一）意志力

1. 意志力的概念

为了实现预期训练竞赛目的，在非常艰难的环境条件下，向身体极限挑战，心理能量激发身体能量完成训练任务并发挥主观能动性的心理品质就是所谓的意志力。

2. 意志力的影响因素

（1）动机

动机是人行为目的性的具体体现，也是对人的意志力强弱具有重要影响的因素之一。运动员对动机的认识程度不同，那么其意志力强弱程度也就不同，运动员参与训练竞赛的动机不同，对意志力产生的影响也就不同。

（2）责任心

运动员只有责任心很强，才能自己完成训练竞赛及其相关工作，才会坚持不懈地训练，挑战自己的极限，尽心尽力、保质保量地完成训练竞赛任务。运动员对训练竞赛的责任心主要从以下几个方面体现出来。

①运动员对自己负责。

②运动员对教练负责。

③运动员对集体负责。

④运动员对国家负责。

(3)自信心

自信心是运动员在训练竞赛中客观存在的心理活动表现形式,也是运动员心理能量支撑身体能量的动力因素之一。运动员为了获得更高的运动技能,取得更优异的竞赛成绩,需要树立自信心和良好的意志品质,保持顽强拼搏、坚持不懈的精神。

3. 运动员意志力的表现形式

(1)勤奋与懒惰

勤奋是运动员在训练过程中,竭尽全力完成训练任务的意志品质。运动员只有具备勤奋这一最基本的意志品质,才有可能获得良好的训练效果和训练成绩。

运动员勤奋训练的表现具体有以下几方面。

第一,坚持不迟到、不早退、不缺勤。

第二,尽力完成各项训练任务,即使没有教练员监控,也能始终严格要求自己完成训练。

第三,能够针对自己的问题主动训练,改正自己的不足等。

懒惰是勤奋的反面。在散打训练过程中,因为人的惰性,所以运动员不可避免会偷懒。至于原因,有很多方面。

主观来看,主要是因为运动员情绪不好,或运动员认为自己的训练水平已经较高,或身体素质已经达到一定水平,可以不用努力训练,偷点懒也能在比赛中取得不错的成绩。

客观来看,训练气氛、训练场地器材等都会影响运动员训练的意志力。经常投篮的运动员,其体能、智能、技能也会发生不同程度的下降,从而难以在训练和比赛中取得良好的成绩。

(2)顽强与软弱

顽强指的是在训练竞赛中,运动员即使遇到了困难与挫折,也丝毫不退缩,勇敢克服困难的意志品质。例如,运动员身体处于极度疲劳状态时,身体带有小伤小病疼痛难忍时,身体机能达不到完成动作要求时,实战训练对抗能力不如对方时,身体姿势处于被动状态时,遭受对方进攻的打击时等。在这些艰难困苦的情况下,运动员能够充分调动自己的心理能量和身体能量,始终保持高昂的情绪和斗志,不但能最大程度地战胜困难、挫折和危险,而且坚持出色地完成训练和竞赛的任务。

软弱是顽强的反面,是指运动员在训练竞赛的过程中,一旦遇到比常规训练竞赛严重的一些困难、挫折、危险时,则表现出松懈、气馁、退却的意志品质。

(3)拼搏与退缩

拼搏是指在向运动极限和身体极限挑战的过程中,运动员能够最大限度地唤醒和激发出心理和身体的潜能,竭尽全力,坚持到最后胜利的意志品质。拼搏精神不但是运动员在训练竞赛中需要的一种最高的精神境界,而且是运动员特有的,经常能够淋漓尽致地表现出来的一种最强的意志力。

退缩是拼搏的反面,是指运动员在极其艰难的条件下,经过持续地奋斗之后,战胜挫折和困境的信心不足,导致行动力下降的意志品质。运动员意志的退缩是相对拼搏而言的,拼搏是迎难而上,退缩是遇难而退。退缩现象的产生有两个条件,一个是在退缩之前,面对艰难困苦已经付出了很大的努力,几乎耗尽了自己的心理能量和身体能量;另一个是在还没有看到成功的曙光,就导致了斗志的衰退从而出现“兵败如山倒”的状况。胜利在于坚持,是对拼搏和退缩的不同意志品质产生不同结果的精辟总结。

(二)情感力

1. 情感力的概念

运动员的情感力是指训练竞赛的状态与本人需要之间的关

系，在体验的过程中变消极态度为积极态度，有助于竞技能力提高的心理品质。

2. 运动员情感力的影响因素

(1)外界刺激的客观条件

运动员对待训练竞赛的情感，在正常情况下会保持在自己平时已经养成习惯的正常状态。这种正常状态就是运动员情感平衡后的正常需要，或者说是运动员情感的正常水平，运动员的所有情感都是在正常情感水平的基础上发生的变化。当遇到与平时习惯不同、正常需要不同的特殊性外界刺激时，情感会随着外界的刺激即刻产生反应，外界刺激的强度不同，情感产生反应的程度也不同。运动员的情感与普通人的情感一样也有喜怒哀乐。例如，在训练过程中，当运动员完成了一个受到教练员和大家称赞的动作时会感到高兴，当一个动作反复地练习都不能很好地掌握时会感到沮丧，当其他的运动员严重影响了自己的训练时会感到生气，当遇到强大的对手或者完成的动作将对自己产生危险时，会不由自主地产生畏惧情绪，等等。运动员情感是受到外界刺激心理上产生变化的客观反映。

(2)承受刺激的主观能力

对运动员情感力的影响因素，除了与外界刺激的客观条件有密切的联系之外，还与本人承受外界刺激的心理素质有关。不同的运动员在进入训练竞赛活动之前具有不同的心理素质，对于外界相同刺激反映出的情感力表现千差万别。例如，心理素质好的运动员，不会出现赛前焦虑的情绪，或者赛前焦虑表现得不强烈。同样遇到强大的对手或者十分艰难的局面，有的运动员会越战越勇，表现出不畏强势的精神面貌，有的运动员会出现畏手畏脚的胆怯情绪，不同的运动员承受外界刺激情感力的基础性阈值有所不同。训练竞赛的实践证明，运动员承受外界刺激的心理素质越稳定，越有利于快速提高运动员的成绩。虽然运动员选材心理素质是一个很重要的因素，但是运动员的情感力不仅通过训练竞赛可以得到改善和提高，而且对于训练竞赛的过程提高运动成绩会起到很重要的作用。

3. 运动员情感力的表现形式

(1)淡定与焦虑

淡定是指在保持适度兴奋的前提下，无论遇到什么样的外界刺激，始终能够处于一种沉着冷静、泰然处之的情感。只有淡定的情感才能不急不躁，从而保持敏锐的行动能力。在训练时能够充分发挥身体机能的作用，保证训练的质量和效果；在比赛时不容易外显自己的行为意图，头脑清晰地处理各种复杂的问题。淡定是武术散打运动员应该具备的最佳心理品质。

焦虑是外界刺激对运动员心理产生焦急忧虑的情感。具体表现在训练遇到困难挫折时，情绪波动，容易急躁，埋怨指责，不能很好地控制自己的行为。比赛之前，由于对比赛的状态和胜负的结果思虑过多，容易从安定的状态转移到激动的状态，甚至于出现吃不下饭、睡不着觉、尿频尿急的现象，导致在比赛中观察模糊、注意分散、思维混乱、记忆下降，从而降低应有的竞技能力。

(2)兴奋与抑郁

由于体育运动的人体活动量要比普通行为的活动量大得多，人体运动时，必须充分调动身体的各种机能参与做功，才能保证运动行为的完成，调动身体机能的过程可以使人产生兴奋的情感。人体兴不兴奋是表现身体机能活不活跃的一种标志，人体处于适度兴奋活跃的状态，有利于智能、技能、体能、心能的充分发挥。在训练竞赛中，运动员保持适度的兴奋情感是完成运动行为的一个前提条件。

运动员的抑郁情感表现为情绪低落，适应比赛的心理活动进程缓慢、意志消沉、缺乏信心、萎靡不振、无精打采、犹豫不决、体能下降、动作迟缓、软弱无力，智能的观察、注意、思维、记忆、想象力减弱，甚至于不想参加训练和比赛。运动员出现抑郁的情况，主要与精神和机能两个方面的因素有关，精神方面是由于对训练竞赛产生厌烦情绪或自信心不足等;机能方面是由于训练竞赛致使身体产生过度疲劳的不适情况有关,因为人体机能有自我保护功能,当处于过度疲劳时,会自动产生惰性减少身体的消耗。

(3)高兴与沮丧

高兴是指运动员在训练竞赛环境中出现的愉快心情。虽然高兴与兴奋形容情感是一个近义词,但是,在表达运动员情感力时存在一定的区别。兴奋的情感主要针对的是运动员身体机能的状态,要保持在一个活跃的水平;高兴的情感主要针对的是能够致使自己身心愉悦的事物。高兴是运动员情感力的一个积极因素,虽然训练竞赛是一个艰苦的事情,但是,如果运动员带着高兴的情感参与其中,能够激发勤奋训练的意志力,延缓身体疲劳的感觉。如果运动员的表现有好的状态,呈现出来的高兴情感能够激发自己的自信心。

沮丧是指运动员受到困难和挫折的打击时,产生灰心、失望、意冷的情绪。在训练竞赛过程中,运动员经常会遇到高兴的事情,也会遇到沮丧的事情。

(4)放松与紧张

放松与紧张具有二极性的特点。由于体育运动的特殊性,运动员在训练竞赛时,既不能过度地放松也不能过度地紧张。放松与紧张既是对立的,也是统一的,放松与紧张的最佳情感阈值,是运动员必须把握情感力的重要因素。运动员过度地放松会使身体机能下降,导致反应速度变慢,肌肉张力减弱,紧急发出动作时,动作的速度、力量跟不上节奏的需要。

运动员过度紧张容易造成反应呆滞,肌肉僵硬,呼吸急促,心率加快,血压升高,动作变形。在训练竞赛的过程中,教练员如果发现运动员过度紧张,经常用“放松一点”的口令提醒运动员;如果发现运动员过度放松时,经常用“紧张一点”的口令提醒运动员。运动员放松与紧张到什么程度最理想?每一个人都有不同的适合自己竞技能力发挥的最佳阈值,主要依靠运动员平时的掌握和养成。

(5)果断与犹豫

果断是指运动员使用技术和战术时，能够及时、坚决、快速、准确地发出动作的情感品质。在训练竞赛环境中，运动员的果断能够有效地抓住有利于自己采取行动的时机，能够保证动作发出的速度、力量。果断的情感除了外界刺激和自己需要的关系之外，还需要有自信的心理品质和良好的技能、体能来支撑，坚信自己的竞技能力能够达到果断行动就能够成功的目的。

犹豫是指运动员对外界刺激和自己需要的关系拿不定主意的情感品质。在训练竞赛的环境中，运动员犹豫的最大缺陷就是影响动作发出的速度和力量，丧失使用动作的时机，影响动作完成时的连贯流畅，处于被动挨打的局面，甚至于容易引起自己受伤。运动员犹豫的主要原因，一是对客观事物和条件的认识缺乏把握性；二是对自己的竞技能力存在顾虑性，瞬间出现了行为上的迟钝或空白。

(6)勇敢与畏惧

武术散打是人体徒手格斗运动项目，比赛时，运动员拳打脚踢加上摔，表现得异常激烈紧张，运动员需要承受极大的心理压力。因此，淡定和勇敢是武术散打运动员必须具有的心理品质。淡定是为了在激烈的比赛中，保持稳定的情绪和清醒的头脑；勇敢是为了保持高昂的斗志。特别是在以攻对攻、胜负难分、处于被动的情况下，二强相遇勇者胜，智者胜。勇就是具有不怕困难、不怕危险、迎难而上的精神；智就是保持使用灵打巧取的技法。

畏惧是运动员对困难、挫折、危险或认为对方强大、不可战胜产生的害怕情感。畏惧常常可以使自己心理上崩溃，行为软弱，最后导致失败的结局。运动员畏惧的产生一般有三种情况，一是本身胆小，二是处于劣势时，三是遭受对方重击时。容易畏惧的运动员心理脆弱，遇到困难、挫折、危险，总是认为不可战胜，丧失自己的信心和能力。这种人永远当不了优秀的运动员，因为他们没有具备运动员一不怕苦、二不怕死、勇往直前的心理品质。

三、散打运动员心能训练方法

(一)激励训练法

通过外界刺激，使运动员散发出更多的身体能量，从而促进其心能水平提高，促进其训练竞赛质量和效果提高的训练办法就是激励训练法。能够将运动员主观能动性激发与调动起来的外部动力就是激励，教练员能否正确使用激励方法，主要取决于外部动力的大小。表扬性激励、提示性激励、竞赛性激励、惩罚性激励等是常见的几种激励训练手段。

1. 表扬性激励

表扬性激励指的是教练员及时鼓励运动员表现出来的一些好现象，将其闪光点放大。

2. 提示性激励

提示性激励指的是教练员以散打训练意图、要求为依据，通过简捷术语提示运动员精力集中，高质量完成训练或比赛任务。

3. 竞赛性激励

用互相比赛的形式完成训练任务的激励方法就是竞赛性激励。

4. 惩罚性激励

教练员处罚运动员的不良训练行为就是惩罚性激励。

(二)诱导训练法

为了将散打运动员的意志力和情感力充分调动起来，准确将运动员的心理状态引导到某个问题上，从而使散打训练竞赛质量和效果得到保障，并提高运动员心能水平的训练方法就是诱导训练法。诱导训练法主要以正面教育为主,目的是改善运动员的意志力和情感力。在采用这一方法进行训练时,要经常召开教育会、动员会、分析会、总结会等形式的活动,此外,还要随时针对运动员在训练场上出现的有关意志力、情感力等方面的不良表现进行启发、疏导、说服。

诱导训练法涉及内容非常广泛,具体表现如下。

(1)正确引导运动员的动机、信念。

(2)使运动员不断追求目标、成绩。

(3)培养运动员的责任感、竞争力。

(4)培养运动员从严训练风气。

(5)在运动员体能和动作技能明显下降时,激发运动员的意志力。

(6)在运动员训练情绪低落时,优秀运动员通过示范来激发情绪低落者的训练热情等。

(三)适应训练法

不同运动员在不同特定条件会出现紧张、焦虑情绪,针对不同运动员的不良兴趣采取相应措施使其保持正常心理状态,以提高其心能水平的训练办法就是适应训练法。外界刺激物很容易影响运动员的心理活动,这种影响既有好结果也有不好结果,不同外界因素刺激不同运动员,运动员的反应会有所不同。例如,有的运动员在一般性比赛中,可以保持正常的心理状态,但在大赛时心理状态就容易失常;有的运动员面对其他对手都会保持正常心理品质状态,不管对手的运动水平如何,但其只对某个对手比较紧张,与之对抗时容易发挥失常;有的运动员参加国内比赛往往可以保持稳定的心理品质,但在国际比赛中经常会发挥失常等。

教练员要对运动员不同心理品质的不同表现有充分的了解,然后有目的地组织适应性训练。例如,为运动员创造更多的条件使其参加大型国内外散打比赛,安排运动员与特定对手相互对抗,为运动员与国外优秀运动员的比赛与对抗创造更多的条件。

(四)调气训练法

运动员进入安静状态，持续、缓慢、均匀、深度呼吸，同时配合意念对不良情绪进行调节，以提高运动员心能水平的训练办法就是调气训练法。调气训练法简单易行，具有广泛的适应性。在运动强度和运动负荷较大的散打训练中，运动员如果感到机体疲劳，可在训练间歇反复深呼吸，从而使呼吸系统气体交换速度加快，使运动员的运动性疲劳得到有效的消除。同时这一训练方法也可以使运动员保持稳定的情绪，避免肌肉过度紧张，为接下来的训练储备更多的能量，促进训练质量和训练效果的提高。

散打运动员在参加重大比赛前，如果感到思想负担重，情绪难以控制，那么可以调整呼吸，呼吸要持续、缓慢、均匀，并以深呼吸为主，同时辅以意念运行。呼吸和意念运行要协调配合好，脚是吸气意念的起点，头顶是止点，头顶是呼气意念的起点，脚是止点，呼吸与意念的配合有助于紧张、焦虑情绪的缓解，使心理恢复到正常状态，从而更好地发挥训练比赛能力。

第三节　散打智能训练

一、散打运动员智能的概念

运动员在散打训练和比赛中，运用技法进行人体格斗所表现出来的智慧能力就是所谓的散打智能。

二、散打运动员智能训练方法

(一)观察认知法

教练员调动运动员充分发挥自己的视觉功能和思维功能，使其对正确或错误的散打技战术动作进行仔细观察，教练员适当进行讲解，以提高运动员智能水平的训练方法就是观察认知法。这一训练方法最大的优势在于可以使运动员更直观地认识散打技战术动作。观察认知法有很多具体的实施手段，教练员可以先自己进行示范，让运动员观察，并针对运动员经常出现的问题进行正误对比演示，使运动员清楚自己的问题在哪，需要如何改正。

（二）语言表达法

语言表达法指的是散打教练员运用口头语言的传播功能，将专业知识传授给运动员，从而促进运动员智能水平提高的训练方法。运动员必须掌握一定的专项知识，才能拥有散打智慧能力，掌握的专项知识越多，才越有可能获得更高水平的智慧能力，而智能越高，才能对技能、体能、心能活动给予更好的指导。为促进散打运动员智慧能力的提高，可经常采用语言表达法，这是最有效的训练方法之一。

语言表达法的具体表现形式有很多，在散打运动训练中，教练员只要提到与训练有关的内容，如讲解散打技战术，提出训练要求，传授运动和训练规律的理论知识等，都属于语言表达法。教练员的理论素养、语言表达能力、运动员的理解能力都会直接影响语言表达法的实施效果。

如果运用语言表达法来描述散打技术、战术，只能抽象概括，无法准确表达，而且用语言表达那些复杂的、容易出现错误的动作时，效果更是不佳，所以可将语言表达法和观察认知法结合起来进行采用，从而促进运动员智能水平的提高。

（三）生疑提问法

教练员激发运动员充分发挥自己的思维功能，不断向运动员提问训练中的相关问题，并引导运动员探索答案，以促进运动员智能水平提高的训练方法就是生疑提问法。散打运动员是否拥有较高的专项智能，主要看其是否充分认识了人体机能的做功规律，对散打运动规律、散打训练规律是否有了更深和更广的理解。

在吸引运动员学习注意力、促进运动员思维力提高方面，生疑提问法具有非常重要的作用。在散打训练过程中，教练员根据训练内容提问的问题主要是关于散打运动做功规律、训练规律重难点方面的问题。教练员可以自己回答自己提出的问题，旨在吸引运动员注意力，使运动员集中精力训练，运动员自己回答问题可锻炼自己分析问题的思维力。

（四）重复训练法

教练员调动运动员充分发挥自己的记忆功能，反复练习相同的训练内容，从而提高运动员智能水平的方法就是重复训练法。在运动训练中，重复训练法非常普遍。重复训练法不但能够对运动员的智能进行锻炼，而且可以促进运动员技能、体能和心能的提高。在智能训练中采用重复训练法，主要是因为散打运动训练的本质规律就是促进运动员相生相克使用技法的动作条件反射能力的提高。运动员的记忆痕迹是否清晰，直接决定了其能否相生相克地使用技法，建立相生相克的动作条件反射。运动员只有通过长期的重复训练，才能使这种记忆痕迹更加深刻，才能促进散打动作记忆能力的自动化转变。

（五）求异创新法

教练员调动运动员充分发挥自己的思维功能和想象功能，创造性地促进散打技术的发展，以提高运动员智能水平的训练方法就是求异创新法。求异创新训练方法的采用要以相生相克的理论为指导，指导运动员用特别的技法动作将常用的技法动作破除，达到出其不意、耳目一新的效果。智能是技能的指挥系统，运动员的智能水平直接影响其技能的发展。包括散打运动在内的所有运动技术的发展都永无止境。散打技术的永无止境意思并非是对新技法动作的不断创造，而是相生相克地运用现有技法动作。

通过长期的积累，武术散打技法动作基本已较为完善，但在不同的历史阶段，运动员在使用散打技法的过程中会出现不同结症，不断出现的结症又不断被解开，这是散打技术不断发展的重要表现。解开散打技术结症的法宝莫过于相生相克，散打技术之所以能够持久发展，主要得益于相生相克这一不竭的动力。

（六）想象训练法

教练员调动运动员充分发挥自己的想象功能，使运动员在头脑中再现基本技术、动作运用、比赛环境、技术开发等，以提高运动员智能水平的训练方法就是想象训练法。想象训练法的运用是以运动员的思维能力为基础的，在散打技术训练中，运动员审视自己完成的动作，思考如何做正确的动作，在完成过程中还存在什么问题等。在散打技能训练过程中，运动员要对比赛的运动状态进行想象，在与实战客观需要相符的基础上进行训练。

在散打战术训练中，要想象对方使用什么技术，自己采用相应战术而与之相克。在训练与比赛实际相脱离的情况下，尽可能再现实战场景，使训练符合实战需要，这是散打智能训练中采用想象训练法最大的作用。

三、散打运动员智能训练的要求

散打运动员在智能训练中需要注意以下几点要求。

（1）运动智能是运动情景中的智力，以一般智力为基础，专项特点非常明显，所以在散打运动员智能训练中，既要进行一般智力训练，又要进行专项智力训练。

（2）知识是智力的基础，缺乏知识的高度智力是不存在的。所以在散打智能训练中，要加强对运动员理论素养的培养，积极启发运动员的思维，促进其运动智能的发挥。

（3）在智力训练中，加强对运动员理论知识的教育，培养其“元认知”能力，使其学会认识事物过程、探索事物规律的方法，并掌握一定的分析、归纳、判断等能力。

（4）一般来说，测定与评价运动智能是有一定难度的，目前能够准确测量与评价运动智能的方法还没有出现，所以在现实中，教练员大多是通过自己的直觉和经验来进行测定，在此基础上，通过进一步研究解决，将运动员智能测评的制度逐步建立起来。对散打运动员的运动智能进行测定和评价时，应结合散打训练和比赛等专项实践进行，在专项训练和比赛中对散打运动员的智能进行考察。

（5）现阶段的研究还不能完全说明优秀运动员拥有比一般运动员更高的智能水平，所以，在散打运动员选材中，应注意对该指标的衡量。但一般来说，优秀运动员的智力水平都应该在中等以上。

第五章　散打运动步法与功法技能培养

散打的步法和功法是掌握散打运动技术和战术的基础和关键所在，它的好坏会对散打技术和战术学习和掌握的效果产生非常重要的影响，并且会对散打运动技战术的实战产生影响。本章就散打运动步法与功法技能培养进行研究，内容主要包括散打步法、拳术和腿法等技术。

第一节　散打步法技术

一、步型

(一)开立步

两脚前后开立，略比肩宽，两脚尖内扣，两膝微屈，重心在两腿之间(图 5-1)。

要点：站立时两脚拇指用力踩地，两脚跟微微离地。

图 5-1

(二)弓步

两脚前后开立约三脚半长，前腿屈膝半蹲，后腿伸直，脚跟微离地，脚尖内扣，重心在两腿之间(图 5-2)。

要点：前后脚要分别向前下方和后下方用力踩地，步宽因人而异，但不可太宽而使移动不灵活。

(三)高虚步

两脚前后站立，两膝微屈，前脚脚尖虚点地面，重心落于后腿(图 5-3)。

要点：前虚后实，两膝不可弯曲过大。

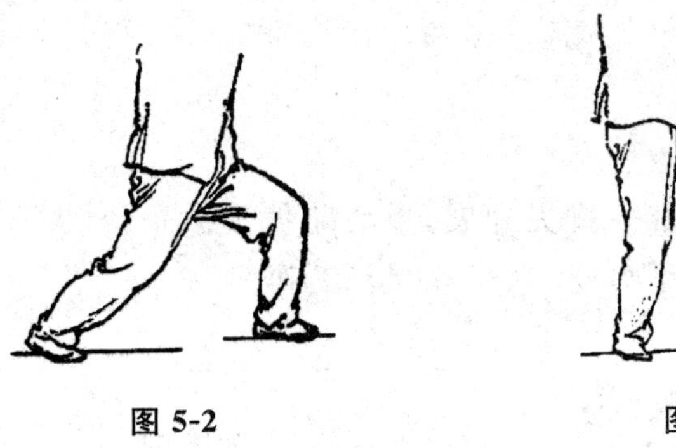

图 5-2　　　　图 5-3

(四)独立步

一腿屈膝提起，另一腿伸直支撑体重(图 5-4)。

要点：支撑腿膝盖不可用力绷直，五趾抓地站稳。

(五)丁步

两膝微屈，两脚一虚一实并步站立，虚腿脚跟微离地(图 5-5)。

要点：虚腿不可支撑重心，左右前后移动灵便。

图 5-4

图 5-5

(六)马步

两脚左右开步屈膝半蹲,步距宽于肩,两脚尖朝前,重心落于两腿之间(图 5-6)。

要点:步距不可太宽,以移动灵活为准。

(七)半马步

基本同马步,唯一脚尖外展,重心略偏于另一腿(图 5-7)。

要点:步距不可太宽,以移动灵活为准。

图 5-6

图 5-7

(八)仆步

一腿屈膝全蹲,另一腿伸直平铺地面,脚尖内扣(图 5-8)。

要点:重心基本落在全蹲腿,上体不可前倾或后仰。

图 5-8

二、步法

(一)进步

动作要领：以左势为例，左脚提起向前进一步，同时右脚蹬地向前擦地跟进，脚前掌着地，上体不动，保持平衡，成实战姿势，眼向前平视(图 5-9)。

要点：身体重心平稳，移动迅速，前后脚保持适当距离。

(二)退步

动作要领：以左势为例，右脚提起向后退一步，左脚蹬地迅速向后擦地后退，脚前掌先着地。身体保持平衡稳定，两脚保持原实战姿势和距离。成实战姿势，眼视前方(图 5-10)。

要点：同进步。

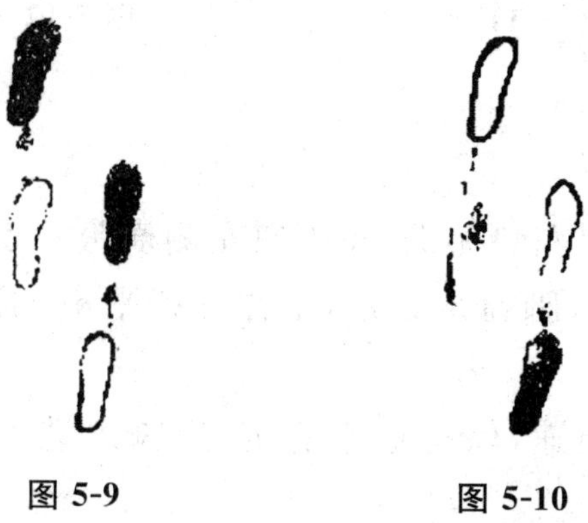

图 5-9　　图 5-10

(三)疾步(垫步)

动作要领:以左势为例,右脚向前上步,全脚掌踏于左脚内侧,同时左脚抬起向前上步。左脚落地,右脚跟步,身体保持平衡稳定,成实战姿势,眼视前方(图 5-11)。

要点:垫步时要迅速,重心要稳定,两脚均不可离地过高。步子大小,根据对方情况而定。

(四)前(后)跳步

动作要领:以左势为例,前(后)跳步的动作过程基本同进步、退步,只是在移动中有腾空,前进退后的距离较大(图 5-12)。

要点:跳动时脚离地面越低越好,前跳上体保持正直,后跳上体可以做后仰和摆动,但注意保持平衡。

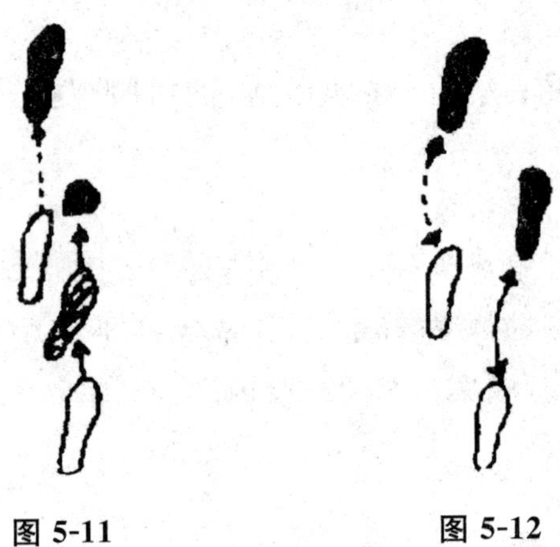

图 5-11　　图 5-12

(五)左闪步

动作要领:以左势为例,左脚向左侧横跨一小步,同时右脚蹬地向左擦地跟进,脚前掌着地,上体保持平衡,成实战姿势,眼视前方(图 5-13)。

要点:移动迅速,保持重心稳定,后脚跟进不能太大,避免两脚在一条直线上。

(六)右闪步

动作要领:以左势为例,左脚向右侧横跨一小步,右脚蹬地向右擦地跟滑前脚掌着地。上体保持平衡,成实战姿势,眼视前方(图 5-14)。

要点:同左闪步。

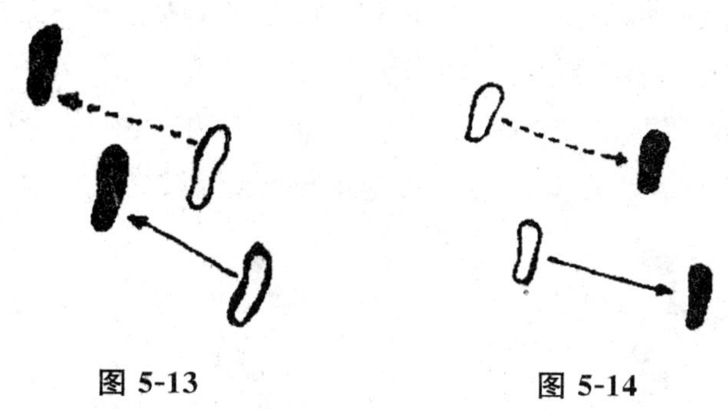

图 5-13　　　　图 5-14

(七)右(左)跨步(闪骗步、三角步)

动作要领:以左势为例,右脚向右前方与左脚平行处上一步,上体向左转体,右肩侧对前方,右臂前伸,左臂后拉并屈肘,左脚蹬地,向右后方弧形滑摆,落于右脚后侧方,成右势实战姿势,依照上述要领,反向做左跨步练习,移动位置成“三角形”(图 5-15)。

要点:移动时上步滑摆要与上体协调配合,两脚要始终保持适当距离,两脚方向平行。

图 5-15

(八)前交叉步(盖步)

动作要领:以左势为例,右脚提起贴地,从左腿前向前方迈步，落于左脚前方，两腿交叉，左腿经右腿后向前迈步，仍成实战姿势。后退盖步同前进盖步要领。唯左右方向相反（图 5-16）。

要点：上步时身体扭转要协调，保持身体平衡，两脚移动要迅速，均不可离地太高。

（九）后交叉步（偷步）

动作要领：以左势为例，右脚提起贴地，从左腿后前方插上一步，上体微向右侧倒，重心前移至右腿，两腿交叉，左腿经右腿前向前迈步，成实战姿势，眼视前方。唯左右方向相反（图 5-17）。

要点：同前交叉步。但要注意快速、隐蔽。

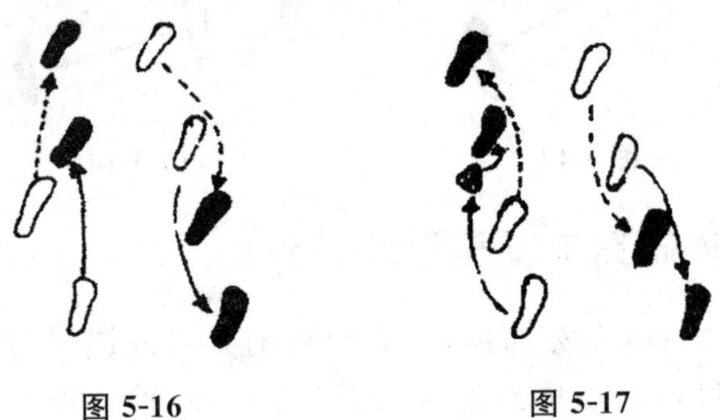

图 5-16　　图 5-17

（十）绕环步

动作要领：以左势为例，左脚经右脚前向右前方弧形上步，脚尖稍外展，以左脚为轴身体左转，右腿随身体弧形绕步，落于左脚后侧成实战姿势，眼视前方（图 5-18）。

要点：弧形绕步时拧腰与斜身相随，步法轻灵快速，保持身体重心平衡。

（十一）进退反弹步

动作要领：前进时采用跳进步动作，然后突然及时牢固的停住，停住瞬间两脚同时用力蹬地，快速反弹，重心后移，撤回一小步，上体始终保持实战姿势，眼视前方（图 5-19）。

要点：停顿牢固，迅速蹬地反弹，回撤快速灵活，身步协调一致。

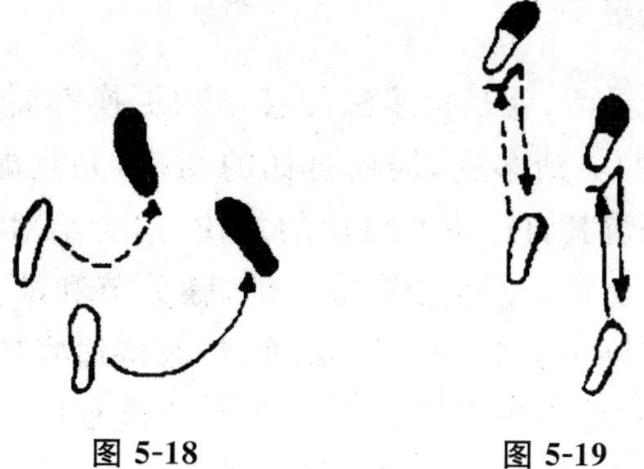

图 5-18　　　　图 5-19

（十二）撤步

动作要领：以左势为例，左脚蹬地向后撤步，身体左转，落脚于右腿侧后，右臂前伸，左臂屈肘于胸前，成右实战姿势，眼视前方（图 5-20）。

要点：撤步时身体转动，手臂变化要协调，动作要轻巧。

图 5-20

三、散打步法的技术要求

拳谚说得好，“练拳容易起步难”，“步不稳则拳乱”，“步不快则拳慢”。步法的灵活和敏捷，既能够对身体重心进行调整，更好地维持身体平衡，更为重要的是步法也是进攻和防守中占据有利位置以及发挥最大优势的基础。攻防的效果会受到步法快慢以及移步距离大小的影响。所以，对于步法的掌握学习和练习都具有非常重要的意义。

（一）步法要活

所谓步法灵活，就是指步法的移动和更换都要灵活快捷。在运动时，步法的灵活多变，轻松自如的切换，并且虚实结合，能够让对手难以分辨其自己重心更换的规律，这会给对手带来判断上的困难。步法要活，腿部力量是基础，膝关节和踝关节的弹性要好。在预备姿势站立时，两只脚之间要保持适宜的距离，不能太宽或太窄，身体重心也不能太低。在实战过程中，两只脚要始终保持在运动之中，尽可能地避免静止不动。

（二）步法要快

所谓步法要快，就是指步法移动的速度。“手到脚不到，破敌不得窍。”在双方交战时，运动员处在对峙的状态之中，相互之间保持一定的距离，任何一方想要发动进攻，就必须要通过快速的步法来逼近对方，在有效的距离之内采用适合的方法，才能获得进攻的实效。同样，在对方进行进攻以及反击时，可以通过快速的步法进行撤出、躲闪或回撤，这样防守才能获得成功。

（三）步法要稳

步法要稳就是指步法的移动要具有稳定性。拳谚说“步不稳则拳乱”，“拳如流星，步赛粘”，都充分表明了实战中步法稳定性的重要意义。然而，在具体的实战过程中，很可能会出现单腿支撑的情形，重心前压或后坐的身体状态，要保持步法的稳定，需要做好以下几点。

首先，在进行步法移动时，要尽可能地避免将两腿处在交叉的状态，要使身体尽可能地处在稳定状态。

其次，在使用动作时，要尽可能地将身体重心向下的垂直投影放在两腿中间，或者不能超出支撑面过多。

最后，在使用腿法方面，有的运动员可能过分追求高度而导致支撑脚站立不稳，如对方使用掀、托等法时便会倒地，这些都是步法不稳的表现。

（四）步法要准

这是指步法移动的准确性。步法的准确移动，可以为进行进攻、防守或防守反击争取更多的时间和创造有利时机，降低动作的盲目性。在进攻时，如果步法不能移动到位，那么就难以产生最佳的效果，同时会对二次进攻和积极回防造成影响；防守时，如果步法无法移动到位，就会造成被击中或者不利于进行反击。对步法移动的准确性进行把握，主要取决于运动员对时空的感知能力，这种能力的获得需要通过长期的训练以及不断进行摸索和总结。

四、步法的训练

（一）单兵练习

在学习完一种步法之后，个人都需要进行不断反复的联系，进行反复揣摩，体会要领，巩固技术。在开始时，可以专门练习一种，等熟练掌握技术之后，可以将集中步法组合起来进行练习，如进步和退步、垫步接单跳步、跳闪步中突进转突退或突退转突进等，以适应实践中的各种变化。

（二）结合信号练习

教师或同伴可以运用掌心、掌背的朝向或手指的数量，或规定的某一个动作等为信号，要求练习者根据信号做出相应的步法，既巩固了步法，又提高了反应能力。

（三）两人配合练习

两人一组，面对面站立，并保持一定的距离，分主动与被动进行练习。也就是说，主动的一方随意进行各种步法的练习，被动一方则需要根据对方的变化而变化，如一方进步，另一方则退步；一方左闪，另一方也左闪；一方垫步，另一方则收步等。双方之间的距离要尽可能地保持不变。通过这种方法的练习，除了能够促使练习者的反应能力得到提高之外，更主要的是提高步法移动的准确性，也就是距离感。

(四)结合攻防动作练习

步法移动的主要目的就是使进攻或防守反击更加具有实效。所以，要结合攻防动作进行步法练习。这也是促使步法移动实效性得以不断提高的主要方法，也是促使整体协调、上下配合得以提高的重要手段。同一个击冲拳，可以结合进步、退步或左右闪步等进行练习，这样能够更加便于对各种比赛战况进行适应。

(五)实战中练习

实战是对各种技术进行运用和提高的有效方法和途径。通过实战可以对步法移动的时间、速度、幅度等效果进行检验，也能够从中找到不足之处，从而为技术的改进提供依据。

第二节　散打的拳法技术

一、手型

拳是五指内屈握紧，拇指第一指骨压在食指和中指的第二指骨上。

平拳：拳心朝下(图 5-21)。

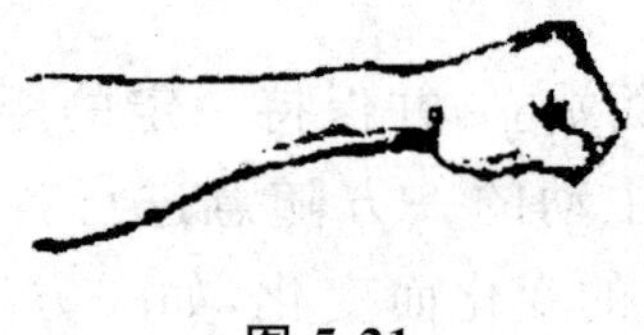

图 5-21

立拳:眼朝上(图 5-22)。

图 5-22

要点:拳心握实,拳面要平,手腕要直。

二、直拳

直拳又称为"冲拳",其技术动作分析和训练如下。

(一)直拳技术分析

1. 左直拳击头

从基本搏斗姿势开始,右脚掌蹬地,使重心快速前移到左脚上,身体右转,右脚跟稍向内转一下,在转体同时,探左肩,左臂迅速向前伸出,力量集中在拳头顶部,在击拳瞬间应该感到肩部有催劲。左膝稍弯曲一下。右手防护下颌,肘部防护身体;左手击打完成后应尽快收回成开始姿势(图 5-23)。

图 5-23

2. 右直拳击头

从基本搏斗姿势开始,以右脚前脚掌支撑蹬地,同时脚跟外转，把蹬地力量传至全身。身体随左后转，旋右臂向前沿直线冲出，在接近目标的刹那合肩，将拳握紧。随出拳瞬间，重心移在左脚上，全脚着地。右脚微向左脚踵跟进，右膝靠近左膝。收左手防护头及上体（图 5-24）。

图 5-24

3. 右直拳击上体

从基本搏斗姿势开始，重心移向右脚，以右前脚掌为支点，用力蹬地，身体随之左后转；重心前移到左脚，全脚着地。在身体左后转的同时，左膝屈约 100°～130°。重心在后脚。与转腰同时，右手臂沿直线向前冲出。左手护头，肘护肋（图 5-25）。

图 5-25

4. 左直拳击上体

从基本搏斗姿势开始，重心移至左脚。左脚微向里扣，脚跟微外转，左膝屈成 110°～120°。重心向左脚移动。右脚蹬地，身体随之右转。同时左臂沿直线快速冲出。右手防护不变（图 5-

26)。

图 5-26

（二）直拳技术训练

(1)以实战姿势站立,进行原地直拳空击练习。注重动作的规范性,体会动力发力。一般运用自身力量和速度的30%～50%进行练习。

(2)进行行进间左右直拳空击练习,配合前滑步和后滑步。这一训练是运动员在对技术动作有了初步的了解之后进行的训练。这时的训练应注重攻防,实战姿势应做好防守,滑步直拳完成进攻。

(3)进行左右直拳打固定手靶练习。在进行练习时,应注重动作的规范性,同时运动员还应提高击打力量,培养击打感觉。还应做好动作与呼吸之间的配合,在攻击时吸呼气、牙齿咬合。

(4)直拳进攻打手靶练习。练习时拳法与腿法应一致。教练员应将手靶放在身体范围内。

(5)直拳打沙包练习,提高击打力量。

(6)左右直拳打手靶迎击和反击练习。陪练人员在拉近距离时应与实战相一致。

(7)直拳反击边腿练习。陪练人员进行边腿攻击,运动员在对方边腿攻击已经做出,但尚未接触自己时完成直拳反击。

(8)直拳反击贯拳练习。陪练人员进行贯拳攻击,运动员俯身躲过,进行直拳反击。

三、贯拳

贯拳又称为“摆拳”，其技术动作分析和训练如下。

（一）贯拳技术分析

1. 右贯拳击头

从基本搏斗姿势开始，右脚尖蹬地，脚跟微外转，身体随之猛向左拧转，右臂由侧横向成弧形摆动。边摆边前冲，再加上肩部动作一起向击打方向送出。身体重心略移到左脚。击打后，身体稍降低，微向左侧偏，以防身体前倾失去重心、暴露弱点。击打的刹那左肩比右肩略低。击打完成之后，右前手臂应与地面平行。击打后的右手不要离开身体过远。左手保护下颌（图 5-27）。

图 5-27

2. 右贯拳击上体

从基本搏斗姿势开始，上体向右转。同时身体微俯，右拳屈臂横向向左击出。边出拳边抬肘，碾脚，蹬地、转体带臂，重心左移。拳触目标时向里推击，防止对方把腹部绷紧。击后迅速成开始姿势。

3. 左贯拳击头

身体重心移至右脚，随之向右转体带臂，左肘微屈，使左拳前送并成横向从左向右摆动。同时左脚蹬地，脚跟微外转，随之全脚掌着地，左膝屈约 110°～120°。右手保护下颌(图 5-28)。

图 5-28

4. 左贯拳击上体

重心右移，两膝微屈，重心下降。同时身体及腰部向右突转带动左手臂(左臂微屈)将拳成横向朝对方上体击出。右手保护头部(图 5-29)。

图 5-29

(二)贯拳技术训练

(1)以实战姿势站立，进行原地贯拳空击练习。注重动作的规范性，以自身力量和速度的 30%～50%进行练习。

(2)滑步左右贯拳空击练习。实战姿势注重防守。注重动作的规范性。

(3)贯拳与直拳组合空击练习。左手贯拳＋右手直拳组合练习;左手直拳＋右手贯拳练习;左手贯拳＋右手直拳＋左手贯拳练习;右手直拳＋左手贯拳＋右手贯拳练习。由原地练习逐渐过渡到配合步法的练习。组合动作应具有较强的整体性,要一气呵成。以上组合是一些典型例子,可在实际训练中灵活进行动作组合。

(4)组合技术打靶练习。左手贯拳＋右手直拳打手靶练习;右手直拳＋左手贯拳打手靶练习。爱初练时可打固定手靶,熟练之后可突然举起手靶,锻炼其快速反应攻击能力。

(5)贯拳反击技术练习。进行直拳、贯拳、边腿、正踢腿等攻击的反击练习。

四、勾拳

勾拳又称为"抄拳",其技术动作分析和训练如下。

(一)勾拳技术分析

1. 右勾拳击头部

从基本搏斗姿势开始,重心微降,右脚前脚掌蹬地,重心移至左脚。上体略向击打方向伸直,腰微左转、前送,借转体力量带臂(臂屈约 45°～80°)将拳自下而上,用挺展力量击出。击打刹那间拳心向内。

2. 右勾拳击上体

从基本搏斗姿势开始,身体重心移至右脚,体位略下沉。右脚猛蹬地,使腰部突然微左转挺展带动手臂将拳由下向上抄起,击打对方腹部,同时重心移至左脚。一般随出拳向前跨一步(图 5-30)。

图 5-30

3. 左勾拳击头

从基本搏斗姿势开始，重心移向左脚，体位微下沉，腰部和左腿瞬间挺直，借挺展力量带动手臂，将拳由下往上抄起。击打刹那间，拳心朝内。

4. 左勾拳击上体

左勾拳击上体的动作方法与左勾拳击头基本相同，不同之处在于左勾拳击上体的身体弯曲度加大（图 5-31）。

图 5-31

（二）勾拳技术训练

（1）以实战姿势站立，进行原地勾拳技术练习。运用自身力量和速度的 30%～50%，注重动作的规范性。

（2）行进间滑步勾拳练习。注重动作质量。

（3）勾拳打固定手靶练习。

(4)组合技术练习。左直拳＋右勾拳;左勾拳＋右直拳;左贯拳＋右直拳＋左贯拳;左贯拳＋左勾拳＋右直拳;右直拳＋左勾拳＋右贯拳;左直拳＋右直拳＋左贯拳＋右直拳＋左勾拳。以上组合是一些典型例子,可在实际训练中灵活进行动作组合。动作要与步法配合,组合要具有较强的整体性。

(5)组合技术打手靶练习。右手直拳＋左手勾拳;右手勾拳＋左手贯拳等练习。

(6)攻防练习。持手靶进行直拳攻击,练习者多过后进行勾拳反击打把;在缠抱状态下,进行勾手反击。

五、转身鞭拳

(一)转身鞭拳技术分析

1. 右鞭拳击头

从基本搏斗姿势开始,以左脚为轴,右脚后插步,身体右后侧转体,同时右拳横扫,随之以肘为轴,猛甩腕翻拳,用拳背击打对方头部(图 5-32)。动作完成之后恢复成实战姿势。

图 5-32

2. 左鞭拳击头

从基本搏斗姿势开始,先以左脚为轴,右脚向前上步,身体向左侧转体，再以右脚为轴，左脚经由后侧向前上步，转身左拳以肘为轴横扫，猛甩腕翻拳，用拳背击打对方头部。

(二)转身鞭拳技术训练

(1)以实战姿势站立，进行转身鞭拳练习。注重技术动作的规范性，认真体会动作路线和发力方法，运用自身力量和速度的30%～50%。

(2)进行行进间鞭拳练习，注重动作的节奏。

(3)转身鞭拳打固定手靶的练习。注意进攻距离的控制。

(4)组合拳法空击练习。右手直拳＋上步转身左鞭拳练习；左手直拳＋撤步转身右鞭拳练习；右手直拳＋左贯拳＋转体右鞭拳练习；左手直拳＋右手贯拳＋上步左鞭拳练习。注重步法的协调和重心的控制。

六、拳法组合

下面拳法组合均是以正架实践姿势开始。

(一)左右冲拳

要点：快速连贯，冲右拳的同时，左拳回撤，护于右肩前。

(二)左右掼拳

要点：左拳幅度不宜太大，并迅速回撤，护于右肩前。

(三)左右抄拳

要点：发力短促，左抄拳转腰勿大，并迅速回撤，护于下颏前。

(四)左冲拳→右掼拳

要点：掼拳幅度不要太大，掼拳后右腿跟步，左转腰，顺肩，爆发右半边。

（五）左掼拳→右冲拳

要点：掼拳幅度不要太大，掼拳后右腿跟步，左转腰，顺肩，爆发右拳。

（六）左弹拳→转身右鞭拳

要点：弹后快收，右脚蹬地，转身迅速，鞭打横扫，身体直立，注意平衡。

（七）左掼拳→右抄拳

要点：以转腰、扣肩带动左拳掼打，然后迅速回收护于下颏前，同时左转腰，右拳向前上方抄打，后脚跟步助力。

（八）右掼拳→左抄拳

要点：借掼拳时身体的左转与前俯，沉身蓄劲，继而伸膝，挺髋，稍右转腰，向右前上方抄打。

（九）左冲拳→右抄拳

要点：冲拳后快速回收护于下颏前，同时跟步，微左转，腰向前上方抄打。

（十）左抄拳→右掼拳

要点：右拳不要有预摆，突然向前上方抄打，继而微左转腰，右拳弧形横掼。

七、拳法与腿法的组合

（一）左冲拳→左蹬腿

要点：冲拳结束的同时，右腿快速跟上向前，左腿抬起，由屈到伸用力向前蹬出。

(二)左冲拳→左横踢腿

要点:冲拳快速,跟步及时,腰微右转,收腹合髋,大腿带动小腿,弧形向斜上方横踢。

(三)右冲拳→右踹腿

要点:转腰,顺肩,爆发冲拳,借右脚蹬地上体微转并向侧倾,右腿由屈到伸向前踹出。

(四)右冲拳→右横踢腿

要点:右拳直线冲出,随其回收,右脚蹬地,收腹,合髋,扣膝,弧形向前上方横打。

(五)左横踢腿→左冲拳→左掼拳

要点:横踢腿要收腹,合膝,扣膝,以大腿带动小腿,弧形横打;随左脚落地,左冲拳,右掼拳,动作衔接紧密协调连贯。

(六)右掼拳→右勾踢腿

要点:掼拳时,转腰,扣肩,弧形横掼;继而收腹,收髋,勾脚向右弧形擦地勾踢;同时右手配合向右切拨。上下配合,动作协调。

(七)转身右鞭拳→左横踢腿

要点:转身时以头领先,立身快转,借其惯性,横向鞭甩;随其转身,左脚蹬地,收腹,合胯,扣膝向前上方横踢。动作连贯,注意保持平衡。

(八)左冲拳→转身横扫腿

要点:冲拳后,左腿微屈支撑,快速转体,带动右腿横扫。

第三节　散打的腿法技术

散打的腿法包括正蹬腿、侧踹腿、边腿、后蹬腿、劈腿、转身摆腿等。这里主要就正蹬腿、侧踹腿、边腿等技术及其训练进行分析。

一、正蹬腿

(一)正蹬腿技术分析

支撑腿微屈，另一腿蹬地屈膝上抬，脚尖微勾起，展髋向正前方猛蹬冲。同时上体微后倾，髋前送，右脚触及目标的瞬间全身肌肉绷紧，力达足跟，再次发力用前脚掌点踏(图5-33)。

图 5-33

(二)正蹬腿技术训练

(1)以实战姿势站立，进行正蹬腿空击练习。注重动作的规范性，体会动作发力。以自身动作速度和力量的30%～50%进行练习。

(2)进行行进间正蹬腿练习。

(3)正蹬腿打固定脚靶练习。陪练人员注重实战距离的掌握。

(4)腿法战术组合动作空击练习。左正蹬腿＋右正蹬腿练习;左腿原地正蹬腿＋右腿正蹬腿进攻;左腿单跳步＋左腿正蹬腿练习等。

(5)取法与腿法战术组合动作空击练习。左直拳＋右腿正蹬腿练习;左直拳＋右直拳＋左腿正蹬腿练习;左腿正蹬腿＋右手直拳＋左腿正蹬腿练习;左摆拳＋右直拳＋左蹬腿练习。

(6)组合技术打靶练习。

(7)打沙包练习。

(9)攻防,模拟练习。

二、侧踹腿

(一)侧踹腿技术分析

支撑腿脚尖微外转,腿微屈,侧对对方;另一腿屈膝高抬,脚尖自然勾起,脚外沿朝向对方,腿部猛然伸直,用脚掌沿直线蹬踹目标。发力瞬间转髋,加大旋转劲,以助腿部鞭打效果。踹腿时上体自然向相反方向倒体,踹腿越高倒体越大(图 5-34)。

(二)侧踹腿技术训练

(1)以实战姿势站立,进行侧踹腿练习。控制练习速度和力量在 30%～50%。

(2)进行行进间侧踹腿练习。

(3)侧踹腿打固定脚靶练习。陪练人员应注重实战距离。

(4)脚法组合空击练习。左腿侧踹腿＋右脚正踢腿练习;左腿正蹬腿＋左腿侧踢腿练习;单跳步＋左腿低位侧踹腿＋左腿高位侧踹腿练习;左腿正蹬＋右腿侧踹练习。

图 5-34

(5)拳法与腿法的组合练习。左手直拳＋左侧踹腿练习;左手贯拳＋右手直拳＋左侧踹腿练习;左侧踹腿＋右手直拳＋左腿正蹬练习;左腿正蹬反击＋左手贯拳进攻＋右手直拳进攻＋左腿侧踹练习。

(6)组合技术打把、打沙包练习。

(7)攻防模拟练习。

三、边腿与小边腿

(一)边腿技术分析

1. 边腿

前脚向前滑动一步,前移约 10～20 厘米,带动后脚前移,支撑身体重量。几乎在落步同时,屈膝向斜前抬大腿,带小腿,随之用力拧腰转髋,猛挺膝,横向由外向内用力踢出,力达足背(图 5-35)。

图 5-35

2. 小边腿

重心略后移，支撑腿微屈；另一腿抬起，快速向斜下侧弹出。上体自然朝踢击方向微转(图 5-36)。

图 5-36

(二)边腿技术训练

(1)以实战姿势站立，进行边腿技术练习。控制自身力量和速度在 30%～50%。注重动作的用力，注重展髋，支撑脚要充分转体。

(2)进行行进间左右边腿练习。注重动作质量和整体节奏。

(3)边腿打固定脚靶练习。注重实战距离的掌握。

(4)腿法技术组合空击练习。左踹腿＋右边腿练习；左小鞭腿＋左侧踹腿＋右腿边腿练习；右边腿＋左正蹬腿练习；左正蹬腿＋左侧踹腿＋右边腿练习；左单跳步＋左侧低位侧踹腿＋左侧踹腿＋右腿边腿。

(5)拳法与腿法组合空击练习。左腿小边腿＋右手直拳＋右腿边腿练习；右手边腿＋右手贯拳练习；左腿小边腿＋右手直拳＋右腿边腿；做单跳步＋右手直拳＋左腿边腿。

(6)组合打靶、打沙包练习。

(7)攻防模拟练习。

四、腿法组合

(一)左蹬腿→右踹腿

要点：快蹬快收，随蹬腿落地，身体左转，带动右腿快速向前踹出。

(二)左蹬腿→右横摆踢腿

要点：蹬腿落地后，上体右转，收腹合胯，带动右腿由后向前直腿弧形横摆。上、下肢协调配合，保持身体平衡。

(三)左蹬腿→左后蹬腿

要点：快蹬快收，落地的同时，上体右转，背对对手，缩身蓄劲，迅即展髋挺膝，用力后蹬。

(四)左蹬腿→转身右横扫腿

要点：蹬腿后迅速回落，脚尖内扣；右后转以身带腿，快速直腿横扫，保持身体平衡。

(五)左侧弹腿→左踹腿

要点:大腿带动小腿,鞭打快弹;回收蓄劲后,展髋,挺膝,用力猛踹。

(六)左踹腿→左后蹬腿

要点:踹腿快速有力,回收时脚尖内扣,上体右转,沉身蓄劲后,展髋挺膝,爆发后蹬。

(七)右勾踢腿→右踹腿

要点:收腹合胯,直腿勾扫,幅度勿大,不带预兆;屈腿回收要快,扣膝勾脚,随上体侧倾挺膝,展髋,用力猛踹。

(八)右截腿→左蹬腿

要点:截腿时,起腿隐蔽,不带预兆,横脚截击对方小腿;随右脚落地,快速提起左腿,继而用力向前蹬出。

(九)右踹腿→右踹腿

要点:要借左转身和上体向后侧倾,快速收腿踹出,加大第一次踹腿的力量;继而迅速回收落地,垫步向前第二次踹击。两次踹腿要求动作快速连贯,踹击距离要远。

(十)左蹬腿→右勾踢腿

要点:左蹬腿不宜太高,蹬后迅速回收落地,脚尖外摆;随上体稍左转,带动右腿直腿勾脚弧形勾扫;右手配合向右切拨。

第六章　散打运动攻防技能培养

散打运动本身是一项竞技运动，具有非常显著的对抗性特点，这就要求散打运动参与者必须熟练掌握攻防方面的技能。散打运动包含的技能有进攻、防守和防守反击技术。本章就对这三个方面的技能及其培养加以阐述。

第一节　散打进攻技术

散打运动中用于进攻的技术有很多，其中，最主要的是摔法技术，这里就重点对几种普遍用于进攻的摔法技术及其训练加以分析。

一、抓臂按颈别腿摔

（一）抓臂按颈别腿摔技术解析

当对方出右拳击打头部时，应快速向左略微转体，用左臂进行格挡，左手下滑抓其腕部，随之身体左转的同时右脚向前一步，用右腿别住对方右腿，右臂向左挟拧对方颈部时身体再向左拧转，左手向后用力拉动对方右臂，右臂向左下猛挟拧对方颈部，随之用力摔倒对方（图 6-1）。

这一摔法技术在防守冲拳、贯拳击头部反击的时候较为适用，其在主动进攻时也经常适用。需要注意的是，在运用这一摔法技术时，要做到挟颈要紧，迅速转体。同时还要保证整个动作要连贯、协调、一气合成。

图 6-1

（二）抓臂按颈别腿摔技术训练

要对这一摔法技术加以训练，往往会采用分解训练、完整训练、模拟训练、实战训练等方法，如果运用得好，往往能够取得理想的训练效果，具体来说，就是能够对抓臂按颈别腿摔的动作技法以及攻防技法有较为熟练的掌握。

需要强调的是，为了保证注意感知对手的用力方向，整个动作要干净利索，配合协调，一气合成。

二、抱腿前顶摔

(一)抱腿前顶摔技术解析

对方出拳击打头部时,上左步,下潜躲闪,两手搂抱对方双膝关节处,屈肘用力回拉;同时用左肩前顶对方大腿或腹部,将对方摔倒。

这一摔法技术在主动进攻或防守反击时是较为适用的。另外在运用这一技术时,要注意下潜要快,抱腿要紧,两手后拉与肩顶要有力,并协调一致。

(二)抱腿前顶摔技术训练

通常情况下,教练员会通过分解训练的方法,来使练习者掌握好抱腿的时机,随后在通过完整训练达到熟练掌握抱腿前顶技术及攻防技法的目的。

为了保证理想的训练效果,需要将关键的技术环节作为关注的重点,同时在语言的刺激和分解训练相结合方面也要加以重视。

三、闪躲穿裆靠摔

(一)闪躲穿裆靠摔技术解析

当对方左脚在前、用左手拳法击打头部时。应迅速稍蹲,躲避对方的击拳。在屈蹲的瞬间,上右脚落于对方左脚后。同时左手抱住对方的左膝,右臂沿对方左腿内侧伸进裆内,别住其右膝窝处,顶住对方胸部,上体用力,向后摔倒对手(图 6-2)。

在运用这一摔法技术时,需要保证技术的合理性和有效性,具体要做到以下几个方面的要求:第一,按膝、穿裆同时上步;第二,上体向后靠时,向右后转体;第三,要迅速有力,使反摔的发生得到有效避免。

图 6-2

(二)闪躲穿裆靠摔技术训练

通常情况下，听从教练员的重点讲解，先用分解动作使练习者了解动作的概念并获得一定的感知，然后再进行完整的训练，从而能够达到熟练掌握技术与攻防技法的目的。

另外，为了保证理想的训练效果，需要注意对练习者训练时动作要果断、突然和一致加以提示。

四、插肩过背摔

(一)插肩过背摔技术解析

对方用右掼拳向头部击打时，应立即上前一步，左闪身，左臂穿过对方右腋下；背右步至与左脚平行，两腿屈膝；同时右手推拍对方左前臂，两腿蹬直，向下弓腰低头，右上臂插抱其右腋下将对方摔倒。主要用于防守冲拳、贯拳对头部攻击时，闪躲反击。①

在运用这一摔法技术时，要注意做到闪身快，背步、转身协调一致，低头、弯腰、蹬腿连贯有力，这样才能保证技术动作的正确性和有效性。

（二）插肩过背摔技术训练

要想训练好这一摔法技术，就要极可能破坏对方的身体平衡，掌握好训练的技巧以及插肩过背摔的技术方法。

为了保证理想的训练效果，在训练这一摔法技术时，要做到扛起后的过肩摔要严加控制，确保人身安全，避免不必要损伤的发生。

五、格挡搂推摔

（一）格挡搂推摔技术解析

对方左脚在前，用左冲拳或贯拳向你头部击来。你用右手臂上架来拳，并屈臂顺势向右后经由对方左臂外侧由上往下滑动，用力卡住其左臂。上左腿，右手下滑至对方左大腿时，向回按扒，同时用左手猛推对方左胸部，使其失去重心倒地（图 6-3）。

图 6-3

① 王智慧．散打技术与实战训练[M]．北京：人民体育出版社，2012.

在运用这一摔法技术时，需要注意的是，一拉一推的动作要同步进行。

（二）格挡搂推摔技术训练

通常情况下，要对这一摔法技术加以训练，所采用的往往是分解动作，使练习者掌握技术原理，之后在引导练习者如何掌握运用的时机和条件。由此，能够对格挡搂摔的技术方法熟练掌握。

在训练过程中，要求一定要对进攻时机进行充分把握，这样才有可能取得理想的训练效果。

六、接腿搂颈摔

（一）接腿搂颈摔技术解析

右脚在前，当对方用右脚蹬上体时，可用左臂由外向内抓其小腿，右手搂其颈部并外旋。左手用力抬其对方右腿，右手继续向右后下方边搂边抓压，形成力偶，同时用右脚截其对手支撑腿，从而摔倒对方（图 6-4）。

在运用这一摔法技术时，需要做到转体带臂，一抬一压，造成旋转动势而摔倒对手，从而保证技术动作的正确性与合理性。

图 6-4

(二)接腿搂颈摔技术训练

通常,会通过分解训练的方法来训练和提升这一摔法技术,但是,要对动作的运用时机加以注意,这样才能达到熟练掌握接腿搂颈摔的技术方法的目的。

在这一摔法技术的训练过程中,需要关注的重点是抓住技术关键环节训练,同时还要对语言提示与讲解训练的有机结合加以注意,这样才能保证训练效果。

七、抱腿压摔

(一)抱腿压摔技术解析

当对方用左腿攻击上体时,应迅速近身,用右手从上抓握其左脚踝,并屈左臂用肘窝夹住其左膝窝。右脚后撤一步,上体随之右后转并屈膝降重心。左臂夹紧其膝部,右手先向左后拽拉,后向上扳其小腿。左肩前靠,形成力偶,摔倒对方。

在运用这一摔法技术时,需要做到向右后转体时,右手向上扳与左肩朝下压腿动作要一致,从而保证技术动作的正确性与有效性。

(二)抱腿压摔技术训练

要对这一摔法技术加以训练,需要听从教练员的提示,进行分解训练,待动作掌握熟练后,再进行完整训练,这样能够达到熟练掌握抱腿压摔技术方法的目的。

为了保证理想的训练效果,需要提示练习者做到抱腿、压腿、果断转体、突然、一致。

八、夹颈打腿摔

(一)夹颈打腿摔技术解析

当对方左冲拳击打头部时,应用右前臂外格对方左臂,随即抓住对方腕部；左手穿过对方左肩，屈肘夹对方颈部；同时右脚经左脚向后插步与左腿平行，随即右转体用左小腿向后横打对方左小腿，将对方掀起摔倒。

这一摔法技术的适用范围是：对手冲拳或贯拳击打时，进行防守反击。另外还需要强调的是，在运用这一摔法技术时，一定要做到格挡迅速，夹颈有力，打腿、转身要配合协调。

（二）夹颈打腿摔技术训练

对这一摔法技术加以训练，往往是通过利用示范方法来使练习者了解动作原理，之后再使练习者理解运用技术的时机和条件，从而最终达到熟练掌握夹颈打腿摔技术方法的目的。

在训练过程中，一定要准确掌握训练时机，这会对最终的训练效果产生非常重要的影响。

九、抱腿别摔

（一）抱腿别摔技术解析

当对方用左腿攻击上体时，迅速靠近对方，用右手从上抓其左脚腕，并屈左臂用肘窝夹住其左膝窝。随即躬身用左手由裆下穿，用左手掌扣住其右膝窝，右手往右后扳拉其左脚腕。身体右后转，同时重心下降，右手继续向右后扳拉，形成力偶，逼迫对方失去重心而倒地（图 6-5）。

在运用这一摔法技术时，需要做到左别右搬，配合协调，转体与两臂用力一致，这样才能保证技术动作的合理性与有效性。

（二）抱腿别摔训练方法

通常情况下，都是通过分解与完整动作的训练来达到有效掌握抱腿别摔的技术和方法的。

图 6-5

为了保证理想的训练效果，必须重视细节，破坏平衡，不给对方反击的机会。

第二节　散打防守技术

散打的防守技术可以分为接触性防守和非接触性防守。下面就对这两种类型的防守技术及其训练加以阐述。

一、散打接触性防守技术

接触性防守是指通过手、腿及身体其他部位进行阻挡来改变对方进攻路线从而实现防守目的的方法。

(一)阻挡防守技术

1. 肩臂阻挡

(1)肩臂阻挡的技术解析

保持实战姿态站立。含胸收腹，手臂回收贴近两肋，使躯干的正面置于两只手臂的保护范围之内。

该技术需要注意的动作关键在于，身体重心稍微靠前，双脚有力蹬地，以身体肩部或已成保护姿态的手臂阻挡对方拳法的正面进攻。另外还需要强调的是，在实际应用时，变为防守需做到双臂迅速回收，双臂夹紧，头部微低，下颌内收。

这一技术要注意的动作要点，主要在于在落成防守姿态后，身体仍需用力，力达全身。阻挡腿法要含胸收腹，双臂紧靠两肋保护躯干，除此之外，还要做到尽量缩小被攻击面；阻挡对方的拳法要含胸、提左肩并收下颌。

通常，这一技术往往用于阻挡对方有效进攻，为反击寻觅合适的时机。

(2)肩臂阻挡的技术训练

训练肩臂阻挡的方法有很多种，其中最为主要的有以下几种。

模拟空击训练：在了解、掌握了肩臂阻挡的技术动作后，想象对手向我方发起进攻，然后进行运用所学技术做出防守动作的练习。

模拟实战训练：一名运动员做防守练习，教练员安排另一名运动员进攻，以此方法模拟在实战中守方受到攻击的情景，以此训练运动员的防守技术。

防守反击训练：对方运用勾拳击打我方胸部或腹部，我方肩臂阻挡防守，随后以左手摆拳反击对方头部。

通过这些方法的训练，能够对肩臂阻挡的技术特征有所了解，并且能熟练、合理地在实战中使用出来。为了保证理想的训练效果，要求在训练的过程中，防守时要注意观察对手的进攻意图，然后以对方意图攻击我方的部位为主要依据来对防守的部位进行适当调整。

2. 提膝阻挡

(1)提膝阻挡的技术解析

保持实战姿态站立。收腹含胸，左腿(或右腿)提起，膝关节略高于髋，小腿沿身体矢状轴防守。

这一技术需要把握的关键点在于,左腿提起时,立足腿独立支撑并保持微屈状态。前腿屈膝提起,此时身体的平衡应注意借助对方攻击后的缓冲。

这一技术需要注意的动作要点在于,落成提膝阻挡姿态时,要做到提膝迅速,力达全身,重心适当后移。

提膝防守主要在对方正面或横向腿法(如低踹腿、勾踢腿等)攻击我方下盘部位时较为适用。如果对方将腰腹部或大腿等部位作为攻击的目标,那么就可以直接用已经提起的小腿进行阻挡。

(2)提膝阻挡的技术训练

通常情况下,对提膝阻挡进行训练往往会采用以下几种方法。

模拟空击训练:在了解、掌握了提膝阻挡的技术动作后,想象对手向我方发起进攻,然后进行运用所学技术做出防守动作的练习。

模拟实战训练:一名运动员做防守练习,教练员安排另一名运动员进攻,以此方法模拟在实战中守方受到攻击的情景,以此训练运动员的防守技术。

防守反击训练:对方运用低鞭腿攻击我方大腿,我方提膝防守后以右鞭腿反击对方头部。

通过这些方法的训练,能够对提膝阻挡的技术特征有一定了解,并且能熟练、合理地在实战中使用出来。

为了保证理想的训练效果,需要把握好防守时机,提前做好预判。另外,防守与进攻的转换要合理,不要一味防守或给予反击。

(二)推拍防守技术

推拍防守在散打实战中的运用是较为普遍的,可以说,这是散打的一种基本的防守技术。

1. 推拍防守技术解析

通常可以将推拍防守技术分为两种，一种是拍挡，一种是拍压，具体如下。

(1)拍挡(图 6-6)

拍挡技术的关键在于以习惯或需要为主要依据来选择左、右手，以拳心为力点向里横向拍挡对方的进攻。

需要强调的是，拍挡技术的动作幅度不宜过大，右手置于下颌处防守，拍挡要动作幅度小且短促有力。

拍挡技术对于防守对方正面拳法或横向型边侧腿法对我方身体上部的进攻是较为适用的。

图 6-6

(2)拍压(图 6-7)

拍压技术的关键在于以习惯或需要为依据来选择左、右手，以掌心或掌根为力点由上向下拍压。

在拍压前手臂内旋，虎口、指尖均朝右(左)。拍压准备过程中应保持手指、手掌和手腕紧张有力，双臂保持一定的弯曲。

拍压防守往往在对方正面的攻击手法(下冲拳)或攻击我方中部的腿法(勾拳及蹬腿)时较为适用。

图 6-7

2. 推拍防守技术训练

(1)向上推拍训练

向上推拍的训练方法主要有以下几种。

模拟空击训练:在了解、掌握了向上推拍防守的技术动作后,想象对手向我方发起进攻,然后进行运用所学技术做出防守动作的练习。

模拟实战训练:一名运动员做防守练习,教练员安排另一名运动员进攻,以此方法模拟在实战中守方受到攻击的情景,以此训练运动员的防守技术。

防守反击训练一:对方运用右直拳攻击我方头部时,我推拍防守的同时以右手直拳反击。

防守反击训练二:对方运用左鞭腿攻击我方头部时,我推拍防守的同时以右鞭腿反击。

通过上述几种方法,能够对向上推拍防守的技术特征有所了解,并且能熟练、合理地在实战中得到充分的应用。

需要强调的是,在训练的过程中,要求做到防守时对对手的进攻意图加以细致观察,从而保证训练的针对性和有效性。

(2)向下推拍训练

向下推拍的训练方法主要有以下几种。

模拟空击训练：在了解、掌握了向下推拍防守的技术动作后，想象对手向我方发起进攻，然后进行运用所学技术做出防守动作的练习。

模拟实战训练：一名运动员做防守练习，教练员安排另一名运动员进攻，以此方法模拟在实战中守方受到攻击的情景，以此训练运动员的防守技术。

防守反击训练：对方运用鞭腿攻击我方头部时，我方推拍防守的同时以右鞭腿反击。

通过上述几种方法的训练，能够对向下推拍防守的技术特征有所了解，同时，还在实战中得以熟练、合理的应用。

需要强调的是，在训练的过程中，要求做到防守时要仔细观察对手的进攻意图。同时，还要注意推拍、反击细节要严格要求，转换要快。这样才能保证理想的训练效果。

（三）挂挡防守技术

挂挡防守是一项主要用于破坏对方的攻击线路的防守技术。

1. 挂挡防守技术解析

保持实战姿态站立。以左脚为轴，身体向右侧转体约 45°，同时左手臂微屈由下向外（右）挂防。

这一技术的关键在于，在预判准确的情况下，左手（右手）屈臂向同侧头部或肩部挂挡。挂挡防守时，要对挂和拨的动作保持连贯、顺畅加强注意，从而使动作脱节的现象得到有效避免。

另外需要注意的是，在进行挂挡防守时我方应尽量缩小被攻击面，身体保持含胸侧身，大小臂叠紧上挂贴于头侧，这样能够使对方进攻的威胁得到有效降低。

挂挡防守主要用于防范对方横向型的手法（左右掼拳）或腿法（左右横踢腿）攻击我方身体上部（图 6-8）。

图 6-8

2. 挂挡防守技术训练

挂挡防守技术的训练方法主要有以下几种。

模拟空击训练:在了解、掌握了挂挡防守的技术动作后,想象对手向我方发起进攻,然后进行运用所学技术做出防守动作的练习。

模拟实战训练:一名运动员做防守练习,教练员安排另一名运动员进攻,以此方法模拟在实战中守方受到攻击的情景,以此训练运动员的防守技术。

防守反击训练:对方运用侧踹腿攻击我方躯干,我方向外挂挡防守后以右直拳和左腿鞭腿反击。

通过上述训练,能够对挂挡防守的技术特征有所了解,并且能熟练、合理地在实战中使用出来。

另外需要重点强调的是,要注意体会挂防的"挂"和向外"拨"的动作,要做到挂防巧妙,时机准确,从而使最终的训练效果得到保证。

(四)格架防守技术

在散打比赛中,格架防守也是较为常见的一种重要的防守技术。具体来说,这项技术主要是运用格挡的方法来破坏对方的进攻动作。

1. 斜上格架

(1)斜上格架技术解析

保持实战姿态站立。右手(或左手)屈臂沿身体的矢状轴(身体中线)向上、向外抬起。

对于这一技术来说,含胸收腹是关键所在。

需要注意的是,这一技术的动作幅度不宜过大,做出动作后注意及时还原以避免有漏洞暴露给对方。

挂挡防守主要用于防范对方横向型的手法或腿法攻击我方身体上部。

(2)斜上格架技术训练

斜上格架的训练方法主要有以下几种。

模拟空击训练:在了解、掌握了斜上格架防守的技术动作后,想象对手向我方发起进攻,然后进行运用所学技术做出防守动作的练习。

模拟实战训练:一名运动员做防守练习,教练员安排另一名运动员进攻,以此方法模拟在实战中守方受到攻击的情景,以此训练运动员的防守技术。

防守反击训练一:对方运用直拳或摆拳攻击我方头部时,我方格架防守的同时以右手直拳反击。

防守反击训练二:对方运用右鞭腿攻击我方头部时,我方格架防守的同时以右鞭腿反击。

通过上述训练,能够对向斜上方向的格架防守的技术特征有所了解,并且能在实战中较为熟练地应用于散打实战中。

另外还需要强调的是,在训练的过程中,要求防守时要注意观察对手的进攻意图。把握好反击时机,防守与进攻的转换要合理,不要一味防守或给予反击,攻防转决要快。只有这样,才能保证理想的训练效果。

2. 斜下格架

(1)斜下格架技术解析

保持实战姿态站立。左手由上向下、向左下方格架防守。挂挡防守主要用于防范对方横向型的手法或腿法攻击我方身体上部。

这一技术的关键在于含胸收腹。另外，在格挡对方的攻击时，一定要要有所缓冲力。而且动作幅度不宜过大，做出动作后注意及时还原以避免有漏洞暴露给对方，从而保证理想的训练效果。

(2)斜下格架技术训练

斜下格架的训练方法主要有以下几种。

模拟空击训练：在了解、掌握了向下推拍防守的技术动作后，想象对手向我方发起进攻，然后进行运用所学技术做出防守动作的练习。

模拟实战训练：一名运动员做防守练习，教练员安排另一名运动员进攻，以此方法模拟在实战中守方受到攻击的情景，以此训练运动员的防守技术。

防守反击训练：对方运用鞭腿攻击我方躯干时，我格架防守的同时以右手直拳反击。

通过上述训练，能够对向斜下方向的格架防守的技术特征有所了解，并且能熟练、合理地在实战中使用出来。

在训练过程中，需要注意的是，要把握好反击时机，防守与进攻的转换要合理，不要一味防守或给予反击，攻防转换要快。只有这样，才能保证理想的训练效果。

(五)截击防守技术

相较于前面的几种防守技术来说，截击防守有着一定的独特性，具体来说，其属于一种积极性的防守方式。截击防守在散打比赛中有着非常普遍的运用，对于这项技术的运用要以准确判断对方的进攻意图为基础，在此前提下采取直接有效的动作进行阻截，从而达到对对方的进攻意图产生破坏的目的。

通常情况下，可以运用的身体不同部位为主要依据，将截击防守技术分为两种类型，一种是拳截击，一种是腿截击，具体如下。

1. 拳法截击

(1)拳法截击技术解析

在两方处在僵持阶断时,我方预判到对方可能要采用右鞭腿攻击我方躯干部位,我方在已经准确判断对方的进攻意图的基础上,迅速改变方位并向前移动,右手直拳后发先至击打对方头部。

对于这一防守技术来说,关键在于确保判断准确,然后再抢在对方鞭腿未接触我方时完成攻击,这一顺序是不能乱的。

(2)拳法截击技术训练

拳法截击技术训练的方法主要有以下几种。

模拟空击训练:在了解、掌握了拳法截击的技术动作后,想象对手向我方发起进攻,然后进行运用所学技术做出防守动作的练习。

模拟实战训练:一名运动员做防守练习,教练员安排另一名运动员进攻,以此方法模拟在实战中守方受到攻击的情景,以此训练运动员的防守技术。

防守反击训练:对方运用鞭腿攻击我方躯干时,我方直拳截击防守的同时以左腿勾踢反击,将其摔倒。

通过上述几种方法的训练,能够对拳法截击的技术特征有所了解,同时,还能够将这一技术熟练应用于散打实战中。

需要注意的是,在这一防守技术的训练过程中,防守时要对对手的进攻意图进行仔细观察,并力争后发先至,教练员要对时机的把握加以强调。

2. 腿法截击

(1)腿法截击技术解析

在两方处在僵持阶断时,我方预判到对方可能要采用直拳攻击我方头部,我方在已经准确判断对方的进攻意图的基础上,抢先以左侧踹攻击对方躯干进行阻截。

对于这一防守技术,关键在于确保判断准确,然后在此基础上抢在对方拳法未接触我方时完成攻击,这一顺序是不能乱的。

(2)腿法截击技术训练

这一防守技术的训练方法主要有以下几种。

模拟空击训练:在了解、掌握了腿法截击的技术动作后,想象对手向我方发起进攻,然后进行运用所学技术做出防守动作的练习。

模拟实战训练:一名运动员做防守练习,教练员安排另一名运动员进攻,以此方法模拟在实战中守方受到攻击的情景,以此训练运动员的防守技术。

防守反击训练:对方运用鞭腿攻击我方躯干时,我方以侧踹进行截击。

通过训练,能够对腿法截击的技术特征有一定的了解,并且能在实战中熟练地应用出来。

需要注意的是,教练员要重点强调对时机的把握,并且对队员建立正确的截击时机和距离进行积极的引导。

二、散打非接触性防守技术

仅仅通过脚步的挪动或身体的晃动以改变身体的位移,从而使对方的攻击落空的防守方法,就是所谓的非接触性防守。

非接触性防守技术主要包括两个方面,一个是步法闪躲防守技术,一个是身法闪躲防守技术,具体如下。

(一)步法闪躲防守技术

步法闪躲防守技术主要是依靠脚步或身体的变化来改变身体位移,从而使对方的攻击动作没有达成有效进攻或进攻落空的防守方法。

1. 步法闪躲防守技术解析

散打的步法有很多种,主要包括滑步、撤步、环绕步、后纵步和跨步等。这里重点对在步法闪躲防守技术中运用最为广泛的撤步进行详细说明。

对于撤步来说,其关键在于,重心起初在前脚,然后重心快速后移到后脚,前脚由前向后收步,接进后脚,重心落于后腿。

需要注意的是,前脚回收要迅速,虚步点地,重心在后脚;上身保持正直,下盘支撑要稳健。

这一技术的适用范围是:防守对方用腿法(低蹬腿、低踹腿)攻击我方下盘部位。

2. 步法闪躲防守技术训练

步法闪躲的技术在实战中有着非常普遍的运用,因为运用,能够将其消耗最少的体力来最大限度地消耗对方体力的优势充分体现出来。另外,通过多次闪躲成功,能够使对方的攻击信心有大幅度的削弱,尤其是在双方体力下降的时段,这也是这一技术在实战和比赛中应用率较高的重要原因所在。

需要强调的是,在实际操作的训练过程中,为了保证步法闪躲防守技术的运用效果,对教练员提出了以下两个方面的要求。

(1)保持适当距离。闪躲的距离要保持适当,因为闪躲距离太远,对于守方在反击时够到对方是不利的;而如果闪躲太近,又有无法摆脱对方进攻或被连续击中的危险。

(2)将防守与反击有机结合起来。防守不是单一的防守,在防守的过程中要不断寻觅反击的机会,将防守与反击技术有机结合起来,使运动员防守后反击的反应时间最大限度地缩短。

从上述两个方面可以看出,保持一个适中的距离是非常重要的,随着技术水平的提高,这种距离的把握才能够逐渐建立起来,因此,这就要求教练员在训练中一定要从实战需要出发。

(二)身法闪躲防守技术

1. 身法闪躲防守技术解析

(1)后闪

保持实战姿态站立。重心后移,上体略后仰闪躲,双手置于体前保护头部和躯干。

在后闪的过程中，要注意做到收紧下颌，为了自身的安全还应闭嘴合齿，舌顶上膛；重心落于后腿；后闪幅度要保持适宜，不宜过大，从而使不好还原的情况得到有效避免。

这一技术主要在闪躲对方对我方上盘的进攻，尤其是对头部和胸部的进攻时较为适用。另外还需要注意的是，在做闪躲防守的同时还要随时做好以腿法反击的准备，因此常常配合前蹬腿做防守反击练习。

(2)侧闪

两膝微屈，俯身，上体向左侧或右侧闪躲。

这里要对侧身时头部并不跟随转动、上体微含胸、眼睛始终观察对方进行重点强调。

这一技术主要在躲闪对方用拳法(左右冲拳)正面攻击上盘部位的时候较为适用。

(3)下蹲躲闪

屈膝，沉胯，缩颈，重心下降，弧形向下躲闪，两手紧护胸部。

实战姿势站立，收腹团身，两膝关节微屈，上体前倾，左手臂自然垂于体侧，右手臂置于头部防守。下潜躲闪时，膝关节、髋关节和颈部要协调一致。目视对方。

需要强调的是，这一技术通常在以下情况中得到广泛的应用：第一，摔法技术中闪躲后的攻击抢把；第二，闪躲对方拳法(左右掼拳)、腿法(高横踢腿)的攻击。

2. 身法闪躲防守技术训练

身法闪躲防守技术的训练方法主要有以下两种。

模拟空击训练：首先要对躲闪防守的技术动作有一定的了解、掌握，在此基础上想象对手向我方发起进攻，然后进行运用所学技术做出防守动作的练习。

模拟实战训练：一名运动员做防守练习，教练员安排另一名运动员进攻，以此方法模拟在实战中守方受到攻击的情景，以此来对运动员的防守技术加以训练。

通过上述两种训练方法,不仅能够对身法防守中各种闪躲防守的技术特征有所了解,而且还能熟练、合理地在实战中使用出来。

为了达到理想的训练效果,需要注意两个方面的事项:第一,防守要与反击技术紧密结合起来;第二,闪躲的幅度要适当,具体要以对手进攻动作为依据来随机应变,动作要适中不宜过大,从而使因动作还原慢而遭到攻击的情况得到有效避免。

第三节 散打防守反击技术

防守后再进行反击的技术,就是散打的防守反击技术。控制与反控制的过程,是散打防守反击的实质所在。在散打实战过程中,散打防守反击的过程主要为:运动员各种有效的防守先摆脱对方控制然后再进行反击从而控制对方的过程。

这里重点对散打防守反击技术中较为常见的几种反击技术以及反反击技术及其科学训练加以分析和阐述。

一、拳法防守反击技术

(一)拳法防守反击技术解析

常见的拳法防守反击技术主要有以下几种。

1. 摇避闪躲—左手直拳反击

当对方运用右摆拳技术击打头部时,应以摇避躲闪对方来拳,然后再以左摆拳反击对方头部。

在运用这一反击技术时,首先要对对方进攻意图和进攻部位进行准确判断,同时,还要求运动员要做到防守和反击转换应快速、及时、果断。

2. 格架防守—右手直拳反击

当对方运用右直拳或右摆拳技术击打头部时，应以格架防守对方来拳，与此同时，以右手直拳接左手摆拳反击对方头部。

在运用这一反击技术时，首先要对对方进攻意图和进攻部位进行准确判断，除此之外，还要求运动员要做到防守与反击两个方面的同时进行。

3. 推拍防守—右手直拳反击

当对方运用直拳技术击打头部时，应以推拍防守对方来拳，与此同时，以右手直拳反击对方头部。

在运用这一反击技术时，首先要对对方进攻意图和进攻部位进行准确判断，除此之外，还要使防守和反击转换得快速、及时、果断得到保证。

4. 后闪防守—左手摆拳反击—右手直拳反击

当对方运用直拳技术击打头部时，应在迅速向后闪躲防守对方来拳的同时，以左手摆拳接右手直拳反击对方头部。

在运用这一反击技术时，首先要对对方进攻意图和进攻部位进行准确判断，在此基础上，还要保证防守和反击转换得快速、及时、果断。

（二）拳法防守反击技术训练

通常，拳法防守反击技术的训练方法主要有以下几种。

（1）两人一组，一名练习者手持手靶，另一名练习者进行攻防强化训练。

（2）两人一组，双方进行轻接触条件下的反应训练，要求训练过程中双方均应戴上拳击手套。

（3）练习者进行半放开的条件实战训练。

在训练拳法防守反击技术时，为了保证理想的训练效果，除了要采用科学的训练方法，还要对以下几个方面加以重视。

第一，要做到准确预判，具体来说，就是指对方进攻意图和进攻部位。

第二，防守与反击的转换速度一定要快。

第三，在运用防守和反击技术时，一定要与具体情况有机结合起来进行，因为这些反击动作都是有所差异的，比如，有些反击动作需要先防守后反击，有些反击动作需要在防守的同时反击，这就要求在训练过程中一定要将防守和反击的关系明确下来。

二、腿法防守反击技术

（一）腿法防守反击技术解析

常见的腿法防守反击技术主要有以下几种。

1. 提膝防守—左侧踹反击

当对方运用鞭腿技术攻击下肢时，应以提膝防守对方来腿，与此同时，以左腿侧踹反击对方头部。

在运用这一防守反击技术时，首先要对对方进攻意图和进攻部位进行准确判断，然后，要做到提膝防守应有缓冲，同时还要使侧踹的快速、及时、果断、准确有所保证。

2. 撤步防守—左鞭腿反击

当对方运用右鞭腿技术攻击大腿时，应以左腿后撤步快速躲闪，然后再迅速以左鞭腿反击对方头部。

在运用这一防守反击技术时，首先要对对方进攻意图和进攻部位进行准确判断，然后要保证撤步距离的适中。除此之外，还要求一定要保证防守和反击转换得快速、及时、果断。

3. 滑步防守—右鞭腿反击

当对方运用左鞭腿技术攻击大腿，应以后滑步(前腿后撤)防守对方来腿，与此同时，以右鞭腿反击对方大腿。

在运用这一防守反击技术时，首先要对对方进攻意图和进攻部位进行准确判断，然后，要保证后滑躲闪距离是适中的。除此之外，还要求防守与反击转换要做到快速、及时。

4. 截击防守—右鞭腿反击

当对方运用右鞭腿技术攻击头部时，应以侧踹腿后发先至攻击对方躯干，阻截对方来腿，再迅速以右腿鞭腿反击对方头部。

在运用这一防守反击技术时，首先要对对方进攻意图和进攻部位进行准确判断，然后，要做到阻截时机的及时、准确。除此之外，还要求做到反应得迅速、果断。

(二)腿法防守反击技术训练

进行腿法防守反击技术训练用到的方法主要有以下几种。

(1)两人一组，一名练习者手持脚靶，另一名练习者进行攻防强化训练。

(2)两人一组，双方进行轻接触条件下的反应训练。要求训练过程中双方均戴上拳击手套。

(3)进行半放开的条件实战训练。

在进行腿法防守反击技术训练时，为了保证理想的训练效果，需要对以下几个方面的事项加以重视。

第一，要做到准确预判，具体主要是指对方进攻意图和进攻部位两个方面。

第二，要使防守和反击的快速得到保证。

第三，防守和反击要与实际情况相符，在训练过程中应正确认识和把握防守和反击，有针对性地加以运用，比如，有些反击动作需要先防守后反击，有些反击动作需要在防守的同时反击，这样就能够得到理想的训练和运用效果。

三、拳法与腿法结合的防守反击技术

(一)拳法与腿法结合的防守反击技术解析

1. 推拍防守—右鞭腿接右摆拳反击

当对方运用鞭腿技术攻击头部时,应先以左手向外推拍防守,再迅速以右鞭腿接右手摆拳反击对方。

在运用这一防守反击技术时,首先要对对方进攻意图和进攻部位进行准确判断。除此之外,还要做到两个方面的要求:一个是右鞭腿攻击后,右脚可落在前面也可收回落于后侧;另一个是右手摆拳反击速度要快,应与鞭腿下落同时进行。

2. 推拍防守—右直拳接右鞭腿反击

当对方运用鞭腿技术攻击头部时,应先以双手向外推拍防守,再迅速以左摆拳接右腿鞭腿反击对方。

在运用这一防守反击技术时,首先要对对方进攻意图和进攻部位进行准确判断,然后,要保证反击转换的快速,以及反击动作的连贯、准确。

3. 挂挡防守—右直拳接左鞭腿反击

当对方运用正蹬腿或侧踹腿技术攻击躯干时,应先以左手向下、向外防守,再迅速以右手直拳接左鞭腿反击对方。

在运用这一防守反击技术时,首先要对对方进攻意图和进攻部位进行准确判断,然后,还要求做到反击转换的快速,以及反击动作的连贯、准确。

4. 格架防守—右直拳接右鞭腿反击

当对方运用右直拳或右摆拳技术攻击头部时,应先以左手向上格架防守，再迅速以右直拳接左摆拳以及右腿鞭腿反击对方。

在运用这一防守反击技术时，首先要对对方进攻意图和进攻部位进行准确判断，然后，还要求做到反击转换快速，以及反击动作的连贯、准确。

5. 截击防守—右直拳接左摆拳反击

当对方运用右鞭腿技术攻击躯干时，应以右腿正蹬后发先至截击对方，与此同时，以右直拳和左摆拳的组合动作反击对方。

在运用这一防守反击技术时，首先要对对方进攻意图和进攻部位进行准确判断，然后，还要做到反击转换的快速，以及反击动作的连贯、准确。

（二）拳法与腿法结合的防守反击技术训练

拳法与腿法相结合的防守反击技术的科学训练方法主要有以下几种。

(1)两人一组，一名练习者手持脚靶，另一名练习者进行攻防强化训练。

(2)两人进行轻接触训练，训练过程中要求练习者双方均戴上拳击手套和护具。

(3)进行半放开的条件实战，持续一段时间后，在练习者熟练掌握技术动作的前提下再进行实战训练。

在训练拳法与腿法相结合的防守技术时，为了保证理想的训练效果，不仅要采用科学的训练方法，还要对以下几个方面的事项加以重视。

第一，要进行准确预判。

第二，要保证反击组合动作是连贯的。

第三，要保证防守与反击动作转换的速度要快。

第四，在训练过程中，要与实际情况有机结合起来将防守和反击的顺序确定下来。

四、拳、腿、摔结合的防守反击技术

(一)拳、腿、摔结合的防守反击技术解析

1. 截击防守—下潜抱腿接过肩摔反击

当对方运用直拳连续攻击头部时,应以侧踹腿进行阻截防守,如果截击防守效果不好或未成功,对方会有机会近身后运用拳法继续攻击头部,这时可迅速下潜抱对方腿,以抱腿过肩摔的技术反击对方。

在运用这一反击技术时,首先要对对方进攻意图和进攻部位进行准确判断,然后,还要在下潜近身抱腿动作时要迅速,从而使被对方识破并有机会反击的情况得到有效避免。

2. 搂腿防守—右手直拳接勾踢摔反击

当对方运用右鞭腿攻击大腿或躯干时,应以上步搂腿防守,与此同时,以右手直拳猛击对方的面部,然后再以左勾踢动作反击对方并将对方摔倒。

在运用这一反击技术时,首先要对对方进攻意图和进攻部位进行准确判断,同时还要保证直拳击打力量要大,从而能够更好地破坏对方的身体平衡并为实施勾踢反击动作做好铺垫。除此之外,反击过程中,还要注意“打”与“勾”的动作应同时进行。

3. 里抄防守—勾踢摔反击

当对方运用左鞭腿攻击躯干时,可在运用里抄防守的同时,迅速向前上步,双手用力旋转上掀并配合左勾踢动作将对方摔倒。

在运用这一反击技术时,首先要对对方进攻意图和进攻部位进行准确判断,同时还要做到里抄防守和上步动作的连贯性;上

掀动作要突然、快速。另外，还需要注意的是，在反击过程中，双手的“掀”与左腿的“勾”的动作是要同时进行的。

4. 里抄防守—涮腿勾踢摔反击

当对方运用左侧踹腿攻击躯干时，可在运用里抄防守的同时，迅速向前上步，以涮腿勾踢技术将对方摔倒。

在运用这一反击技术时，首先要对对方进攻意图和进攻部位进行准确判断，同时还要注意里抄防守和上步动作要连贯，近身涮腿要快速。除此之外，在反击过程中，还要注意右手的“别”与左腿的“勾踢”要同时进行。

（二）拳、腿、摔结合的防守反击技术训练

拳、腿、摔相结合的防守反击技术的训练方法主要有以下几种。

(1)两人一组，一名练习者手持脚靶，另一名练习者进行攻防强化训练。

(2)两人一组，进行轻接触的反应训练。要求训练双方都戴拳击手套和护具。

(3)进行半放开的条件实战，练习者熟练掌握技术动作后，再进行实战训练。

在进行拳、腿、摔相结合的防守反击技术的训练时，为了保证理想的训练效果，不仅要采用科学的训练方法，还要对以下几个方面的重点加以注意。

第一，要对对方进攻意图和进攻部位进行准确预判。

第二，拳腿摔反击组合技术运用要做到连贯。

第三，防守与反击动作转换速度要快。

第四，要对反击时机有充分认识和把握，并且与实战结合起来确定是否在防守的同时实施反击。

五、反反击技术

反反击是指我方进攻，对方反击，我方再根据对方的反击进攻动作做出反击的过程。反反击的攻防模式比反击技术要更加复杂，对运动员的要求也更高。

(一)反反击技术解析

常见的反反击技术主要有以下几种。

1. 左直拳进攻—摆拳反击—摇避闪躲摆拳反反击

以左直拳进攻对方头部，对方顺利躲闪后，可能运用右摆拳动作反击，这时，可先摇避闪躲，再以左摆拳反反击，将对方击倒。

在运用这一反反击技术时，一定要对对方反击意图、反击技术和反击部位进行准确判断。

2. 左鞭腿进攻—鞭腿反击—搂腿冲拳勾踢反反击

向前垫步，以左鞭腿攻击对方左大腿部，对方顺利躲闪后，可能运用右鞭腿反击，这时可先闪躲大腿或躯干避免对方反击成功，再以搂腿勾踢反反击对方，将对方摔倒。

在运用这一反反击技术时，一定要对对方反击意图和反击技术进行准确判断。

3. 右直拳进攻—抱腿摔反击—反夹颈摔反反击

以右直拳攻击对方头部，对方顺利下潜闪躲后，可能运用抱腿摔技术反击，这时可迅速用右手夹住对方颈部，以反夹颈摔反反击，将对方摔倒。

在运用这一反反击技术时，一定要对对方反击意图和反击部位进行准确判断。

4. 单跳步侧踹腿进攻—鞭腿反击—转身摆腿反反击

以提膝单跳步拉近与对手的距离，争取近身搏击，然后以左侧踹腿攻击对方躯干部位，对方顺利闪躲后，可能运用左鞭腿反击，这时可迅速转身，然后再以后摆腿反反击，尽量摆腿踢至对方头部，将对方踢倒。

在运用这一反反击技术时，一定要对对方反击意图、反击技术进行准确判断。

5. 鞭腿连接摆拳进攻—鞭腿反击—抱腿勾踢反反击

以左鞭腿接左摆拳进攻，对方采用提膝防守与格架防守可成功摆脱进攻，之后可能运用左鞭腿反击，这时应以抱腿勾踢的技术反反击，将对方踢倒。

在运用这一反反击技术时，一定要对对方反击意图、反击技术和反击部位进行准确判断，同时，还要做到及时闪躲并迅速实施反反击技术。

(二)反反击技术训练

有效训练反反击技术的方法主要有以下几种。

(1)两人一组，一人喂招，另一人根据同伴的反击反复练习反反击动作，以提高机体的自动条件反射。

(2)两人一组，一名练习者手持脚靶，另一名练习者做攻防强化训练。

(3)进行轻接触的反应训练。

(4)进行半放开的条件实战和实战训练。

(5)进行攻防意识的空击训练和条件模拟训练。

在这一反反击技术的训练过程中，要对以下几个方面的事项加以重视，这样才能保证理想的训练效果。

第一，要对运动员逻辑思维能力与应变能力的培养加以重视。

第二，要对进攻以及反反击动作的连贯性加以重视。

第三，要保证防守与反击转换的速度要快。

第四，要将防守与反击实施的时间顺序确定下来。

第七章 散打运动实用战术技能培养

战术是散打运动技能学练的重要内容。对于散打运动者来讲，其所掌握的所有的技能最终都要应用到散打实战中去。散打运动者作为战术的执行者，其对战术的熟悉和把握程度将在实战对抗中直接表现出来。

第一节 散打战术的概念及种类

一、散打战术的概念

战术在各种体育竞赛中发挥着非常重要的作用，尤其是对抗类体育运动项目中，战术的科学应用直接决定对抗结果。在散打运动中，散打比赛要求运动员必须具备良好的技战术水平，战术是其中一个重要的方面。

集合散打对抗特点，散打战术是技术的综合运用，具体来说，散打战术，是指对抗中根据对抗双方的各种场上情况，各自为战胜对方而采取的计策和方法。[①]

散打运动属于搏击类体育运动，其对抗性强，对抗过程中，对抗双方实施各种战术，其目的主要是为了把自身已经获得的身体、技术、心理等训练成果，根据双方实战的具体情况进行最优化

① 程啸斌．散打技击学[M]．南昌：江西人民出版社，2011.

组合,从而在对抗中击败对方。

散打战术的应用核心就是“制人而不制于人”,造成有利的态势,掌握主动权是战术运用的基本理念。

二、散打战术的种类

(一)强攻战术

强攻战术,具体是指对抗中使用战术一方强行突破对方的防守而采取的进攻方法。

散打运动强攻战术具有以下特点。

(1)散打运动者具备能打得进、退得出的能力。散打运动者在自己胆力、功力、技术都明显强于对手,这是实施强攻战术的基础。

(2)散打运动者必须具备良好的洞察时机的能力,具备良好的判断事态发展的能力。

(3)散打运动者身体素质好,但技术可能不如对手。

(4)散打运动者身体素质好、技术全面,但比赛经验不如对方。

(5)对方的心理素质差时,必然要用强攻压制对方。

(二)抢攻战术

抢攻战术,具体是指散打运动者在散打运动中,依靠动作速度抢先进攻,压制对方。抢攻战术是一种基础战术。

散打运动抢攻战术有以下特点。

(1)散打运动者基本上不需要其他动作的掩护,只是凭借运作的速度直接抢先进攻,瞬间制胜对手。

(2)散打运动者能及时、迅速调整动作速度和距离。

(三)反击战术

反击战术,具体是指散打运动中,本方处于防守地位,结合对方表现及时把握战机，反守为攻、争取主动。

散打运动反击战术的实施主要在以下两个战况。

(1)对手出招攻击我时。

(2)我方进行防守后突施攻击。

(四)佯攻战术

佯攻战术，从字面意义不难理解，就是“假进攻”，具体是指用虚招、假动作给对手造成错觉，趁对方被我方引诱后出现空当、出现技术失误、出现重心不稳时，再进行真打。

现代散打比赛中，随着运动员的技术水平的不断提高，并且身体素质也随着体能训练的发展而得到了显著的提高，在这样的背景下，直接的进攻很容易被对方防守住，并借此展开相应的反击。因此，为了在散打比赛中占据主动，就需要采用相应的假动作引诱对方进攻，有意露出“破绽”来使对方上当，给对方造成进攻的假象，在对方采取相应的动作进行应对时，我方抓住机会进行进攻。佯攻战术具有以下特点。

(1)散打比赛的佯攻战术能很好地表现出运动者的跳动比赛态势的能力。

(2)该战术运用的前提是，我方对对方的战术结构、战术节奏等非常了解。

(3)我方具有较强的驾驭对手动作的能力。

(五)迂回战术

迂回战术，是对既定战术无法实施的一种“缓兵之策”，具体是指利用步法、身法避化对手进攻，在避敌锋芒之后，再寻找时机组织进攻的战术。

迂回战术在散打运动中，通常运用于对抗双方实力悬殊时，例如大小不同级别的选手对抗。该战术运用的要点是在迂回游斗中寻找攻击点。

(六)克长战术

克长战术,顾名思义,就是对对方擅长技法的压制,具体是指运动者在散打比赛中采用武术相克原理的方法,专门反制对手技术特长的战术。

散打运动的克长战术有以下特点。

(1)我方能力强,预见性强,功力深厚,能做到知己知彼、见招拆招。

(2)我方能力弱,但技术全面。

(3)如果对手善于进行贴身战,则应注意拉开与对方之间距离。

(4)如果对手善于远距离进攻,应做好闪躲,伺机逼近对方,使对方擅长技能无法发挥。

(5)如果对手擅长主动进攻,可先发制人。

(6)如果对手擅长防守反击,可引诱对方主动进攻,然后伺机反击。

(七)克短战术

克短战术,是与克长战术相对应的一种战术形式,具体是指在散打运动中,我方集中“兵力”专门进攻对手薄弱处,使对方没有能力、机会、实力还击。

克短战术的运用应把握住两点,其一,了解和捕抓对手短处;其二,尽量做到以己之长攻其之短。

(八)多点战术

多点战术,是指进攻点和进攻方法呈立体式全方位、多角度打击对手的战术。此战术的运用通常是在遇到高手对抗、两强对抗时,单一技战术无法取胜,可多点打击。

(九)抢点战术

抢点战术,是充分结合了散打运动比赛而实施的一种战术形式，具体来说，在散打比赛中，运动员通过打击有效位点，以此获取对抗优势，并最终取胜。

抢点战术，关键在于“抢点”，这其中对“点”的把握就非常重要。要求运动者应符合以下要求。

(1)对散打运动竞赛规则非常熟悉。

(2)具有较强的战术意识。

(3)有预见性、计划性，不盲打乱拼。

(十)重创战术

重创战术，具体是指运用重拳、重腿狠力打击对手，使之丧失战斗力的战术，是一种直截了当的战术方法。

重创战术在散打运动中的运用要求运动者应具备较强的实战能力，并能很好地把握战机。

(1)具备运用战术的实力，即散打运动者自身发招强而准、爆发力超常勇猛。

(2)运用时机要准确，战术具体实施时机应在对方体力不支和本方比分靠后时。

(十一)下台战术

下台战术也是充分结合散打运动规则而实施的一种战术形式，具体是指散打运动比赛中，运动员采用合理方法，通过逼打下台和牵引下台两种形式，使对手下台输分落败的战术。

(1)逼打下台：把握战机，注意隐蔽战术意图，使用堵、逼、封、引、借、发等促使对手下台。

(2)牵引下台：借用对方的冲力，引进落空，注意被对手反引下台。

(十二)台中战术

台中战术，具体是指运动员利用擂台中央为战斗阵地，和对方进行对战的战术。一般来讲，此战术适合台边和台角作战能力差、擅长大阵地战的运动员。

(十三)边角战术

边角战术,具体是指利用对方退到散打擂台的边缘和角上,利用对方害怕掉下台的心理,抓住时机实施各种战术形式,有利打击对方以获取胜利。

在散打比赛中,边角战术是一种有目的的战术实施行为,主要是造成对方的恐惧心理,导致对方比赛节奏被打乱,然后抓住机会,正式进攻对方。

需要注意的是,边角战术的实施,应注意在引诱对方的同时,防止被对方牵引下台。

(十四)突袭战术

突袭战术,具体是指在散打比赛中,充分利用对手注意力不集中和不良习惯动作,出其不备抢打攻击的战术。

散打运动的突袭战术的运用要求运动员自身应具备敏锐的观察和应变能力,一般来说,在比赛时机方面的把握也非常重要,主要运用时机在裁判口令“开”后、“停”前时,趁对方没有做好足够的准备时,突发冷招,出其不意。

(十五)体力战术

体力战术,是指通过合理分配自身体力来取得散打对抗的最终胜利的战术。

散打运动竞争激烈、对抗性强,对抗双方运动员的体力消耗都非常的大,因此,在运用体力战术时,需要注意两个方面。

一方面,保存自身体力。运动员应调整好体力,不可前紧后松,以免消耗不必要的体力,造成体力不支。

另一方面,消耗对方体力。运动员应注意在比赛中,自我体力的保存,引诱并冲击对手,诱对方耗费体力。消耗对方的体力,主要是通过打击点,最大限度地利用整个场地,引诱对方不断移动，让对手多跑动。

采用体力战术，合理分配体力非常重要，具体要结合对手的特点合理分配每一局的体力。具体如下。

(1)如果对手技术较弱，可保持体力以技术取胜。

(2)如果对手技术较强，可消耗对手体力取胜。

(3)如果双方实力相当，可考虑打持久战。

(4)如果对手耐力较差，应连续进攻，消耗对手体力，使对手疲于应战。

(十六)心理战术

心理战术，重在"攻心"，是通过特点方式和措施给对方施加心理压力，然后伺机采取相应战术克敌制胜。

散打比赛中心理活动贯彻比赛的始终，常用心理战术方法主要有如下几种。

(1)在比赛之前隐瞒自身的实力，麻痹对方。

(2)在比赛中发动猛攻，对对手施加心理压力。

(3)在比赛中故意漏出虚假破绽，引诱对方上当。

(4)引导对方到擂台边角。

(5)消耗对方，使其烦躁。

(6)在比赛中采取一些方法激怒对方，使对手造成失误。

第二节　散打战术运用的原则

一、目的明确

在运用战术时，必须做到有的放矢，从全局的角度上来有针对性、有目的性地运用战术，总揽全局。

在散打运动过程中，无论运动员组织和运用什么样的战术，都是有一定的制胜目的的，攻防的时机把握、攻防的主动性、技术的目的性、动作的隐蔽性、配合的一致性、战术的灵活性等方面，都受战术目的的影响。

在散打运动中，运动员战术的组织和运用必须符合以下要求。

(1)制定战术应充分要了解自己的实际情况。

(2)以运动员的身体、技术等条件为主要依据制定战术。

(3)战术策略与运动员水平相符，选择合适的攻守战术形式和方法。

需要特别注意的是，制定目的明确的战术，必须具备良好的战术意识。战术意识在比赛中具有定向、抉择、反馈、支配等作用，在散打运动中，能够令散打运动员在战术行动中的发挥更加稳健，更具实战能力。

二、知己知彼

在我国古代就有“知己知彼，百战不殆”的战术思想，对于散打也一样适用。

散打比赛中，比赛节奏快，运动员的任何迟疑与犹豫，都将贻误战机，失去极好的攻击时机，甚至可能因一时大意而导致比赛失败。因此，运动员要想取得预期的攻击效果，就必须了解对手的弱点，采取行之有效的动作方法。在知己知彼的基础上，制定的战术在动作结构上要优化组合，既要有突破一点带动全局的设计，而且还要有各种各样的搭配，随机应变，出奇制胜；不仅要发挥自己的竞技实力，同时还要能有效地制约对方。

散打运动比赛前，要想了解对方，可以采用资料录像、个人专访文稿、圈内人士点评以及采用试探性手段探测等方法，尤其是在面对陌生对手时，更要做好充足的准备，以便于结合对手的特点制定有针对性的战术。

要做到知彼，应了解对方以下情况。

(1)了解对方是善于用拳,是善于用腿,还是善于用摔。

(2)了解对方攻击实力是什么,主要得分手段靠什么。

(3)了解对方的技术弱点是什么。

(4)了解对方是主攻型还是防守反击型等。

(5)了解对手的身体素质状况,不同运动员之间的身体素质有着明显的差异,针对不同身体素质的对手要采用不同的战术,只有这样才能更有信心和针对性,从而打败对方。

要做到知己,应明确以下几点。

(1)自己擅长的技战术是什么。

(2)自己是否具有身高、体重、素质等方面的优势。

(3)结合自身实力,对方容易抓住自己的进攻点在什么地方。

(4)在本次对抗中,自己想要取得什么样的成绩或结果。

三、攻防兼备

在任何竞技对抗中,一味地攻或者一味地守都不是战术所提倡的。有对抗就自然有攻有守,战术应用应讲求攻守兼备。实战对抗中不存在单纯的进攻或防守,只有做到攻中有防、守中带攻,才有可能克敌制胜。

在散打运动比赛中,攻防平衡掌握不好将会导致顾此失彼,错失制胜良机。因此,要遵循攻防兼备的原则。具体要求如下。

(1)在对手实力较强时,要防中有攻,以防守反击为主。

(2)在对手实力较弱时,要加强进攻,攻中有防,以主动进攻为主。

(3)双方水平相当时,要攻防兼顾,做到有序进攻,稳妥防守,抓住战机,猛烈进攻。

总之,散打运动员应从攻守过程的整体出发,在战术开始发动到结束,要高度重视攻守的合理转换,不要盲目进攻,也不要过于保守始终防守,要在攻防对抗中注意快与慢、主攻与辅攻、各个环节之间的关系。

四、虚实有间

任何一场高水平的运动比赛，都是在相互诱导、反复教练的过程中进行对抗的，散打也不例外。

在散打实战中，通常来说，假动作和虚招的应用是非常多的，对这些动作的娴熟运用可充分表现出一名散打运动员的战术水平。散打对抗，就是要虚虚实实、真真假假、指东打西、指上打下，出其不意、攻其不备。

五、扬长避短

散打对抗，双方都想控制对方，因此，运动实践中，散打战术运用目的是为了能够在对抗中取得主动，而主动权的获得必须要建立在扬长避短的基础之上。

散打实践表明，扬长避短是克敌制胜的一个重要和有效手段，是散打战术运用的基本原则之一。

具体来说，在散打运动中，扬长避短就是要求运动者在面对对方时，能有效避开对方长处，攻击对方短处，同时，善用自身的长处，并学会隐藏自身的不足。

在散打运动中，能准确性地预见对方进攻或防守的目的、动作，无疑会让自己更有时间做好准备，准备也将更加有针对性。

六、掌握节奏

现代散打运动时间紧迫，双方对抗又是近身搏击，因此，散打比赛的实质是争夺时间、抢占空间。高水平的散打比赛中，双方都想进攻和阻止对方进攻，但快攻不可能一直存在，散打比赛的节奏总是在不断的变化之中。

在散打比赛中，运动员必须认识到，敌我双方对抗，快攻与快守是掌握节奏的主要因素，是散打比赛中争夺时间、抢占空间的重要基础，因此，要充分结合对手、场上比赛环境，做到该快的时候快，该慢的时候就慢，不能一味求快，也不能始终沉浸在较慢的比赛中，要注意比赛节奏快与慢的有机结合，合理转换。只有把握住散打比赛的节奏，才能掌握比赛主动权。

七、结合实际

战术是运动员根据自己与对手的实际情况来制定的，在散打比赛中运用战术时，应根据临场的情势灵活地进行，当形势发生变化时，就要做出相应的调整。

散打运动中，运动者实施战术，需要在实施战术的过程中不断结合实际情况对战术进行调整，实施战术的过程就是根据对手和环境变化不断调整和实现战术目的的过程。

敌我对抗，运动者必须在复杂多变的实战条件下，做到积极观察场上情况，随机应变，快速准确地决定战术行动，这是衡量运动员实战经验的重要标准。

散打战术应用必须结合实际，尤其在比赛双方旗鼓相当、势均力敌的情况下，战术是否运用得当，直接影响散打运动中双方对抗的结果，恰当的战术运用有事半功倍的效果。

八、及时果断

散打运动具有较强的对抗性，竞争激烈，因此，对抗过程中，运动者一旦确定好战术，就应果断实施，以免贻误战机。

散打对抗中，运动者对战术实施的时机把握非常重要，一旦错过就会使战术失去其最佳发挥的作用力。散打战术的果断实施时机一般体现在以下几方面。

(1)对手在实战中姿势有误。

(2)对手重心不稳、失去平衡。

(3)对手准备组织进攻的瞬间。

(4)对手准备后撤的瞬间。

(5)对手做假动作诱攻的瞬间。

(6)对手频繁出现习惯动作时。

(7)对手注意力不集中时。

(8)对手急于抢攻、心烦气躁时。

(9)对方体力不足导致动作变形时。

(10)对方防守姿势出现空隙时。

(11)对方反应速度、动作速度、位移速度下降时。

需要特别提出的是,掌握主动权,对于对抗双方来讲,掌握时机打好“时间差”非常重要。

九、善于隐蔽

散打运动中,虚虚实实、真真假假,既是技战术实力的较量,也是心理的较量。

在散打运动对抗中,运动员要善于隐蔽自我,具体来说,实施战术,要注重战术的隐蔽性。就是要把自己真实的战术目的、意图、行动、规律及方法巧妙地隐藏起来,不暴露给对手,以假示人,使对手始终揣摸不到自己真正的战术意图,用假动作去扰乱、迷惑、欺骗对手,给对手制造假象与错觉,令其真假不辨,防不胜防。

隐蔽性做得好,可诱使对方上当,而一旦对手受骗上当,便迅速给予打击,不给对手任何喘息的机会,当对手醒悟时,已无法组织有效的防守而被击中。

十、灵活多变

既要具备良好的应变能力,又能判断对方的动作意图,灵活运用战术。

散打的任何战术都需要合理地组合运用,在恰当的时间运用合理的战术才能够制胜。任何战术都是相互依存、相互克制的，不可能保证攻不可破、绝对万能。

散打实战对抗中，如果运动员采用固定不变的战术，就会让对方识破让自己陷入被动的困境。因此，在制定战术时，要求战术形式及其互相之间的衔接关系，尽可能体现不同的进攻方向和进攻点，在科学、有效的基础上，灵活运用。

巧妙灵活地运用战术，可以使散打运动者“两强相遇智者胜”和“以弱胜强”。

第三节　散打战术的具体应用

一、常见散打战术应用

散打战术有多种战术类型，在散打运动中，运动员应结合实际情况和自身擅长科学运用。这里重点对具有代表性的几个散打战术形式的科学应用详细解析如下。

(一)主动进攻战术的应用

主动进攻战术，是散打运动员积极进攻的系列战术的总称。具体是指，在散打运动中，运动员积极主动向对手发动进攻的战术形式。

散打运动实战中，运用主动进攻战术，对获得战斗主动权具有直接作用。该战术的应用适用于以下赛况。

(1)当对方的防守姿势出现空隙时，伺机进攻。

(2)当我方与对方的距离恰当，即能有效地使用进攻动作时，伺机进攻。

(3)当对方的近战能力比较差时，伺机进攻。

(4)当对方的心理素质比较差时，伺机进攻。

(5)当对方的进攻动作不够熟练时,伺机进攻。

(6)当对方动作预兆较大时,伺机进攻。

(7)当对方的防腿能力比较差时,我方可与对手保持距离,用腿法进攻对手。

(8)当我方的反应速度、动作速度、位移速度快于对手时,可趁机发动进攻。

(9)当我方的身体素质较好时,可强行进攻。

(二)反击战术的应用

在体育竞技运动中,攻守对抗历来讲究"以静制动""后发先至",这是一种常见的战术战略。

散打运动中,当处于防守地位时,如果能合理应用反击战术,可压制对方,掌握比赛主动权。具体来说,反击战术是待对方发出进攻动作后,在防守的过程中反击对方。

散打反击战术的手段主要有防守反击、闪躲反击两种。

(1)防守反击:通过运用接触式防守技术,防守对方的进攻,再进行反击的战术。

(2)闪躲反击:通过运用不接触式防守技术,躲避对方的进攻,再进行反击的战术。

在对抗过程中,一般来说,主动发动进攻的一方,肯定需要改变预备姿势,这时是反击的关键时机。散打反击战术适用于以下几种比赛情况。

(1)当对方的正面进攻猛烈时,采用移动技术躲闪避其锋芒,伺机反攻。

(2)当对方将全部注意力集中在进攻上时,则其防守可能会出现相应的漏洞,此时可进行反击。

(3)当对方身高腿长占优势,使用横踢时,我方的反击动作很难有效,针对这种情况,可向前与对方贴在一起打近身战。在移动时,防守反击。

(4)当对手性情急躁时,可以逸待劳,刺激对方进攻,抓住时机一招制敌。

(5)当对方喜欢猛攻，且缺乏比赛经验时，可以掩盖自身反击意图，伺机反击。

(三)佯攻战术的应用

佯攻战术，前面已经提到，简单来说，就是利用假动作迷惑对手，使其做出错误的反应，从而实现真实进攻。佯攻战术的核心就是假动作的使用。

佯攻战术是散打战术中最常见的战术形式之一。特别是在对付动作反应快、防范能力强的对手时，非常有效。散打实战中，可通过以下战术组织来实现佯攻。

1. 步法假动作

步法假动作是利用步法的突然改变，破坏对手的距离感或诱使其做出错误反应。

(1)突然滑步：如双方对抗时，我方突然向前滑步，诱使对方进攻，随即突然向后滑步，破坏其距离感，使对方进攻失败，我方则利用其防守漏洞或时间差反击。

(2)突然交换步：如双方对抗时，我方突然原地交换步，变成反架，迷惑对手或使其做出错误反应，创造反击机会。

2. 肢体假动作

利用身体动作引诱和迷惑对方，如引诱对方进攻身体暴露部分，然后采用预先设计好的动作迅速反击。

(1)拳法虚引：双方散打对抗过程中，我方用左拳在对方面前摆荡、虚引，诱使对手把注意力集中在防守我方的拳法上，我方趁机用腿法进攻对方。

(2)提膝虚引：双方散打对抗过程中，我方单次或反复提左膝虚引，使对方错认为我方要以踹腿进攻，我方趁势向前用拳法进攻对方。

(3)腿法虚引:双方散打对抗过程中,我方用左腿虚踢对方下盘,诱使对手防守,我方趁机用腿法进攻对方头部。

(4)身型虚引:双方散打对抗过程中,我方身体向左右闪引或突然降低重心,使对方产生错觉,为进攻创造有利时机。

3. 表情假动作

利用眼神或表情误导对手,如视左击右,视上击下,引诱对方攻击,再迅速反击。

在散打实战对抗中,不同的选手有不同的适合自己的假动作,应善于在实战中总结经验。针对不同的对手,假动作不能死搬硬套,应根据不同的对手灵活变换假动作的使用。针对不同的战况,假动作可以根据实际情况灵活、综合运用。

(四)游击战术的应用

游击战术是一种灵活的战术形式,具体是指在散打对抗中,当我方技术或力量不如对方时,实施采用的“打了就走”的一种机动灵活的战术形式。

一般来说,在散打运动中,如果对方力量大、攻击强,或者当对方集中注意力进行正面防守时,可向左右两侧移动步子,避其锋芒、制造战机;如果对方的灵活性、速度素质稍差,可以抓住时机进攻,然后立即后退。

游击战术应用,机动的“游”是关键,该战术的成功应用要求散打选手应具备以下基本要求。

(1)选手应步法灵活,动作迅速,进攻后立即撤退。

(2)与对手周旋,保持一定的安全距离,避免遭受对手的强力打击。

(五)心理战术的应用

散打运动员良好心理素质在很大程度上决定着散打运动员的技术的发挥。在散打比赛中,赛场情势瞬息万变,会引起运动员的心理变化，使之产生心理波动。

心理战术就是通过一些特定的方式和措施，给予对方心理压力，从而扰乱对方心智，伺机进攻和压制而取胜。

散打运动中，从某种意义上讲，运动员的心理本身也是一种战术。现代散打运动，既是运动员体能和技战术的较量，更是心理水平、心理优势的大比拼。心理战术形式多样，如隐瞒实力，麻痹对方；漏出破绽，造成对方的错觉；激怒对方等。其目的就是迫使对方紧张、恐惧、气馁，丧失对抗信心。

二、针对不同对手的战术应用

（一）应对擅长拳法者

1. 对手特点分析

擅长拳法者，通常进身速度较快，擅长在中距离寻找机会，拼打能力强，在快速靠近的同时，擅长用拳法进行快速、连续击打，拳击力量较大。

2. 战术方法应用

(1)多用腿法进攻。因为腿的打击力量比拳强、距离比拳远。当对方以拳法主动进攻时，可使用腿法进行阻击，以长制短，如侧踹腿阻截。

(2)拳腿结合进攻。如果在拳法上不占优势，而自身腿法进攻力也不强，可尝试拳法和腿法结合，同时结合虚实变化，指上打下、指下打上，以腿法进攻为主，辅以拳法进攻，使对方摸不清进攻的手段与方位，打乱对方攻防节奏。

(3)注意与对手拉开距离。在散打运动中，拳法实施具有一定的攻击范围，而且与腿相比，攻防的范围都比较小，因此，一旦拉开距离，拳法的优势就很难体现了。

(4)尽量贴近对方。散打对抗中,如果无法与对手拉开距离,应立刻贴靠对手,运用抱缠、摔法等进行躲避、反击。这样,对手的拳法优势也就无法发挥了。

3. 战术应用时机

具体的实战应用时机主要包括以下几种情况。

(1)双方散打对抗过程中,当对方用右掼拳进攻我方头部时,我方以左臂向上格挡,随之顺势右腿向前上步,用右臂夹其颈部,将对方摔倒。

(2)双方散打对抗过程中,当对方用左冲拳进攻我方头部时,我方立即进步下潜,用双手抱其双腿后拉,同时上体前顶将对方摔倒。

(3)双方散打对抗过程中,我方突然快速向前垫步,用左踹腿进攻对方膝关节。

(4)双方散打对抗过程中,当对方用拳法进攻我方头部时,我方快速向后闪身,同时用左踹腿进攻对方躯干;或者在其进攻的同时用左蹬腿进攻对方躯干;或用左踹腿进攻对方膝关节;或我方向前滑步,抱缠对方。

(二)应对擅长腿法者

1. 对手特点分析

擅长腿法者一般步法灵活、腿的威力大,比较擅长在远距离的进攻和防守。

2. 战术方法应用

(1)尽量靠近对手。和拳法相比,虽然腿的打击力量与距离均占有一定的优势,但这既是腿法攻防的优势,也可以视为劣势,腿法只有在远距离才能发挥其最大的作用,因此,近身是抑制腿法威力的有效方法。在中、近距离内,运用拳法或贴身摔法打击对手，可实现以短制长。

（2）抓住对方抬腿时机进攻。散打运动中有“起腿半边空”的说法，意思是在对方出腿攻击时，其单脚支撑，会出现重心控制较弱的情况，针对这一点，我方可以运用接腿摔法进行防守反击，如果运用得好会收到不错的效果。

3. 战术应用时机

（1）双方散打对抗过程中，当对方欲用腿法进攻我方时，我方立即向前滑步靠近对方，用拳法进攻对方头部。

（2）双方散打对抗过程中，我方主动快速靠近对方，用拳法进攻对方，使之不能踢腿。

（3）双方散打对抗过程中，当对方用左横打腿击打我方胸部时，我方用双手接抱其左小腿，向前上步，以左腿别住对方支撑腿，随即向右转身发力使对方倒地。

（三）应对擅长摔法者

1. 对手特点分析

擅长摔法者，通常来说，体形短小精悍，喜欢采用逼迫式打法，在对抗中常积极接近对手。

2. 战术方法应用

（1）与对方保持距离。想要实施摔法，必然要进行肢体接触和搂抱，因此，与对方保持距离，可有效避免被对方擒住或锁住而实施摔法。

（2）与对方周旋。对抗中，以游击、迂回的方式与对手周旋。对抗中，如果对方逼近，以快速凌厉的组合拳法进攻对方，随即立刻撤退，伺机进攻。

（3）维持攻守平衡。散打对抗中如果我方处于被动时，应注意争取时间直接维持平衡，不要以自身弱势技术对抗对方强势技术，切忌与对方近身纠缠、相互拼摔或互摔。

(4)少用腿法进攻。一般来说，散打运动中，擅长摔法的选手对腿法的防守较好，因此，在保持距离的时候，尽量少用腿法进攻对方，以免对手趁机发挥摔法优势，使自己陷入被动。

(5)尝试降低重心。当对手贴近自己欲使用摔法时，应尽量降低重心防守。

3. 战术应用时机

(1)双方散打对抗过程中，当对手用左冲拳向我方进攻时，我方快速向左闪步，避其锋芒，随即用左掼拳、右冲拳连续进攻对方头部。

(2)双方散打对抗过程中，当对手与我方抱缠时，我方降低重心，同时用手推对方胯部，限制对方使用摔法。

(3)双方散打对抗过程中，当对手下潜抱我方腿部时，我方以身体向下俯压对手，同时向右蹬腿，进行防守。

(四)应对擅长防守反击者

1. 对手特点分析

擅长防守反击者，多属于理智性散打选手，他们头脑清醒、观察分析能力较强，同时善于把握时间差，防守严谨、进攻谨慎。此外，往往还具备较强的动作组合能力。

2. 战术方法应用

(1)严密防守。持续进攻，压迫对方，使对方无防守反击的机会和空当。

(2)假动作佯攻。对抗中，多采用假动作，诱敌深入，寻找时机，力求进攻的准确性和有效性。

(3)避免单个动作的直接进攻。对抗中，应采取组合技术连续进攻，破坏对手反击节奏和能力。

(4)进攻要有组织、有预判。结合散打对抗实况,及时发现对方的破绽,适时、有效攻击,使对手不能顺利地还击。

3. 战术应用时机

(1)双方散打对抗过程中,我方用左踹腿假装进攻,引诱对手,当对手以右横打腿反击我方时,我方顺势抄接对方来腿,用右冲拳迎击其头部。

(2)双方散打对抗过程中,我方上体向前虚晃,故意露出头部,当对手欲用拳法击我方头部时,我方立即后闪,用左横打腿攻击对方左大腿内侧。

(3)双方散打对抗过程中,我方突然向前垫步,用左横打腿进攻对方左小腿内侧,向前逼近,用右冲拳、左掼拳连续进攻对方,压制对方反击。

(五)应对身高较高者

1. 对手特点分析

身高较高的散打选手,具有良好的体型优势,他们个子高、力量大、拳法和腿法的攻击范围大。但与之相对应,此类选手身体越高,重心越高,动作幅度大,抗摔能力越差,同时速度、灵活性相对也较差。

2. 战术方法应用

(1)灵活移动。因散打运动中身高者速度和灵敏性差,因此,可不断运用步法的灵活移动,让对手无法准确进攻。

(2)贴身进攻。在对手出拳时,潜进去逼近对方,使用组合拳法攻击对方。

(3)实施腿摔。个子高、重心高,难平衡,可在对手用腿法进攻时,运用接腿摔技术进行防守反击。

3. 战术应用时机

(1)双方散打对抗过程中,当对手用侧踹腿进攻我方头部时,我方快速侧闪进身,扛摔对方。

(2)双方散打对抗过程中,当对手用拳法向我方进攻时,我方侧身闪躲,在对方拳回收时,我方快速靠近对方,用左右掼拳连续进攻对方。

(3)双方散打对抗过程中,当对手用左横打腿进攻我方头部时,我方向后闪躲,在对方落腿前施以右横打腿方法反击。

第八章　散打运动竞赛规则与礼仪

散打运动作为我国武术中的重要组成部分，是一项竞技性很强的运动项目，其具有严密的竞赛规则和独特的比赛礼仪。本章将对散打运动的礼节与服装、散打运动的竞赛规则和散打运动的裁判法进行具体阐述。

第一节　散打运动的礼节与服装

一、散打运动的礼节

散打运动作为我国武术中的精华，又是现代竞技体育中的一个项目，在运动中需要注意一定的礼节。

散打运动的礼节主要是抱拳礼，抱拳礼行礼的方法是：并步站立，左手四指并拢伸直成掌，拇指屈拢；右手成拳，左掌心掩贴右拳面，左指尖与下颏平齐。右拳眼斜对胸窝，置于胸前屈臂成圆，肘尖略下垂，拳掌与胸相距 20～30 厘米。头正、身直，目视受礼者，面容举止自然大方。抱拳礼主要在以下方面进行使用。

(1)每场比赛开始前，运动员要先向裁判员和观众行抱拳礼，然后要向对方运动员行抱拳礼。

(2)每局比赛开始前，运动员上台后需要先向本方教练员行抱拳礼，教练员进行还礼；双方运动员再相互行抱拳礼。

(3)宣布比赛结果时，运动员要交换站位。宣布结果后，运动员先相互行抱拳礼，再向台上裁判员行抱拳礼，裁判员还礼。然后向对方教练员行抱拳礼，教练员还礼。

(4)边裁判员换人时，要互相行抱拳礼。

二、散打运动的服装

散打运动属于对抗性搏击类运动，具有一定的危险性，因此要求运动者必须严格按照比赛要求穿戴护具。对于散打运动员来讲，参加比赛时，必须穿戴赛会规定的比赛服装，一般双方的服装颜色以红色和蓝色区分。

需要特别说明的是，锦标赛(赛会制、专业比赛)要求参赛者穿戴护具，如世界散打锦标赛、武术锦标赛、全国运动会等，而一些商业性、职业性赛事，参赛者不穿戴护具，只戴拳套比赛，对抗双方短裤颜色同样以红蓝两色区分。

第二节 散打运动的竞赛规则

根据中国武术协会 2016 年最新修订的《武术散打竞赛规则》，本节将重点探讨散打运动竞赛规则的各个方面。

一、竞赛通则

(一)竞赛种类

散打比赛通常分为团体赛和个人赛。

(二)竞赛办法

散打比赛可以采用循环赛和淘汰赛两种方法。每场比赛采用三局两胜制的赛制，每局比赛持续 2 分钟(青少年比赛可采用 1 分 30 秒)，每局间运动员休息 1 分钟。

（三）参赛资格

1. 参赛年龄要求

成年运动员的参赛年龄为18～40周岁；青年运动员的参赛年龄为16～17周岁；少年运动员的参赛年龄为12～15周岁。

2. 参赛其他条件

（1）如果是注册的武术散打运动员，可以持自己的身份证参加比赛。

（2）参赛运动员必须有参加该次比赛的人身保险证明。

（3）运动员必须出示报到之日前15天内，由县级以上医院出具的包括脑电图、心电图、血压、脉搏等指标在内的体检证明，才能正式参加比赛。

（四）体重分级

散打比赛主要按照以下级别分级进行。

（1）48公斤级（≤48公斤）。

（2）52公斤级（＞48公斤且≤52公斤）。

（3）56公斤级（＞52公斤且≤56公斤）。

（4）60公斤级（＞56公斤且≤60公斤）。

（5）65公斤级（＞60公斤且≤65公斤）。

（6）70公斤级（＞65公斤且≤70公斤）。

（7）75公斤级（＞70公斤且≤75公斤）。

（8）80公斤级（＞75公斤且≤80公斤）。

（9）85公斤级（＞80公斤且≤85公斤）。

（10）90公斤级（＞85公斤且≤90公斤）。

（11）100公斤级（＞90公斤且≤100公斤）。

（12）100公斤以上级（＞100公斤）。

（五）体重称量

对于散打比赛来说，进行体重称量是非常重要的一个环节，为了很好地保障比赛的公平性，因此，必须认真做好这部分的工作，主要包括以下几个方面。

(1)运动员必须携带本人身份证进行体重称量。

(2)运动员必须在仲裁委员的监督下称量体重，由检录长负责，编排记录员配合完成。

(3)运动员必须按照竞赛规定的时间到指定地点称量体重。

(4)运动员参加称量体重时，必须裸体或只穿短裤（女运动员可穿紧身内衣）。

(5)在进行称量体重时，应该先从竞赛设定的最小级别开始，每个级别应该在1小时内称完。

(6)当运动员在称量体重时，如果不符合报名级别，则不应该让其参加后面所有场次的比赛。

(7)如果运动员当天有比赛，必须在赛前的规定时间内完成体重的称量。

（六）抽签规则

抽签是体育竞赛的必要环节，散打比赛的抽签环节，主要包括以下几个部分。

(1)散打的抽签主要由编排记录组来负责，通常情况下，散打的仲裁委员会主任、总裁判长及参赛队的教练员或领队也要参加抽签环节。

(2)抽签应该在第一次体重称量完成以后进行，从比赛设定的最小级别开始抽签。

(3)由各队的教练员或者领队为本队的运动员进行抽签。

（七）参赛服装和护具

(1)参加比赛的运动员必须着装由中国武术协会所认定的散打比赛服装和护具。

(2)散打比赛的护具主要分为红、蓝两种颜色，包括拳套、护头、护胸。

(3)运动员必须自备护齿、护裆和缠手带。护裆必须穿在短裤内，缠手带的长度为3.5～4.5米。

(4)比赛对运动员拳套的重量有一定的要求，女子运动员和男子65公斤级及以下级别运动员的拳套重量为230克；男子70公斤级至85公斤级的拳套重量为280克；男子90公斤级及以上级别的拳套重量为330克。

(八)弃权规定

(1)在比赛期间，运动员如果因伤病（需有医务监督出具的诊断证明）或体重不符合报名级别而不能参加比赛者，可以作弃权论，不再参加后面场次的比赛，已经取得的成绩有效。

(2)在比赛过程中，如果双方运动员实力悬殊，为保护本方运动员的安全，教练员可举弃权牌表示弃权，运动员也可举手或主动下台表示弃权。

(3)运动员如果不能按时参加体重称量、赛前3次检录未到或检录后擅自离开不能按时上场者，作无故弃权论。

(4)在比赛进行期间，如果运动员无故弃权，本人的全部成绩要被取消掉。

(九)竞赛其他规定

(1)临场裁判员一定要集中精力，不得与其他人员交谈，未经裁判长许可，不得离开席位。

(2)运动员必须遵守规则和比赛礼节，尊重和服从裁判。在比赛场上不准有吵闹、谩骂、甩护具等任何表示不满的行为。

(3)每场比赛未宣布比赛结果前，运动员不得退场（因伤需急救者除外）。

(4)在比赛过程中，教练员只能代表所报名单位，着正装坐在指定位置进行现场指导，并只能带一名队医或助手协助工作。

(5)运动员要严禁使用兴奋剂，局间休息时也不得吸氧。

二、竞赛方法规则

(一)可以用的比赛方法

在散打比赛过程中,可以使用武术中的拳法、腿法和摔法来进行比赛。

(二)禁用的比赛方法

(1)不得使用头、肘、膝等部位攻击对方或迫使对方成为反关节的技法。

(2)不得使用迫使对方头部先着地的摔法或者故意砸压对方。

(3)不得用任何方法去攻击倒地一方的头部。

(4)在青少年比赛中,一定要禁止运动员使用腿法击打对方的头部或用拳法连续击打对方头部。

(三)得分部位和禁忌部位

散打比赛的得分部位在头部、躯干和大腿,禁击部位在后脑、颈部和裆部。

三、得分规则

(一)得 2 分

(1)一方下台,对方得 2 分。

(2)一方倒地,站立者得 2 分。

(3)用腿法击中对方头部、躯干得 2 分。

(4)用主动倒地的动作致使对方倒地,而自己顺势站立者,得 2 分。

(5)被强制读秒一次,对方得2分。

(6)受警告一次,对方得2分。

(二)得1分

(1)用拳法击中对方头部、躯干得1分。

(2)用腿法击中对方大腿得1分。

(3)先后倒地,后倒地者得1分。

(4)被指定进攻后5秒钟内仍不进攻时,对方得1分。

(5)主动倒地3秒钟不起立,对方得1分。

(6)受劝告一次,对方得1分。

(三)不得分

(1)方法不清楚,效果不明显,不得分。

(2)双方同时下台或同时倒地,不得分。

(3)使用攻击方法时主动倒地,对方不得分。

(4)抱缠时击中对方,不得分。

四、犯规和判罚规则

(一)技术犯规

(1)出现消极搂抱对方和消极逃跑的行为。

(2)在比赛过程中,处于不利状况时,举手要求暂停。

(3)故意拖延比赛时间。

(4)在比赛过程中,不尊重裁判员,对裁判员不礼貌,或者出现不服从裁判的行为。

(5)上场时不戴或吐落护齿,有意松脱护具。

(6)不遵守比赛相关礼节。

(二)侵人犯规

(1)当裁判员喊出口令“开始”前或喊“停”后,仍然进攻对方。

(2)击中对方禁击部位。

(3)以禁用方法击中对方。

(4)故意致使对方的伤情加重。

(三)判罚规则

(1)每出现一次技术犯规,劝告一次。

(2)每出现一次侵人犯规,警告一次。

(3)一场比赛中,如果侵人犯规达3次,取消该场比赛的比赛资格。

(4)在比赛过程中,如果故意伤人,取消其比赛资格,所有比赛成绩宣布无效。

(5)如果使用违禁药物或局间休息时吸氧,取消其比赛资格,所有成绩宣布无效。

五、暂停比赛的规定

当比赛过程中出现以下情况时,要暂停比赛。

(1)运动员倒地(主动倒地除外)或下台时。

(2)运动员犯规受罚时。

(3)运动员出现受伤的情况时。

(4)双方运动员相互抱缠超过2秒而不能产生摔法的效果时。

(5)运动员主动倒地超过3秒时。

(6)运动员被指定进攻后达5秒钟,仍然不进攻时。

(7)运动员举手要求暂停时。

(8)裁判长纠正错判、漏判时。

(9)场上出现问题或险情时。

(10)因灯光、场地、电子计分系统故障等客观原因影响比赛进行时。

六、比赛胜负判定规则

(一)优势胜利评定

(1)在比赛过程中,如果双方实力悬殊,台上裁判员在征得裁判长同意后,判技术强者为该场胜方。

(2)在比赛过程中,如果一方运动员被重击倒地不起达 10 秒(侵人犯规除外),或虽能站立但知觉失常,判对方为该场胜方。

(3)在一场比赛中,被重击强制读秒达 3 次(侵人犯规除外),判对方为该场胜方。

(4)在一局比赛中,双方运动员得分相差达 12 分时,判得分多者为该场胜方。

(二)每局胜负评定

(1)在每局比赛结束时,依据边裁判员的评判结果,判定每局胜负。

(2)在一局比赛中,如果受重击被强制读秒 2 次(侵人犯规除外),则对方为该局胜方。

(3)在一局比赛中,如果一方运动员 2 次下台,对方为该局胜方。

(4)在一局比赛中,双方出现平局时,则按照下列顺序判定胜负。

①受警告少者为胜方。

②受劝告少者为胜方。

③当天体重轻者为胜方。

如上述三种情况仍相同,则判为平局。

(三)每场胜负评定

(1)在一场比赛中,先胜两局者被判定为该场比赛的获胜方。

(2)在比赛中,如果运动员出现伤病,经医务监督诊断不能继续比赛者，则判对方为该场胜方。

(3)如果在比赛中，经医务监督确诊为诈伤者，判对方为该场胜方。

(4)因对方犯规而受伤，经医务监督检查确认不能继续比赛者，为该场胜方，但不得参加后面所有场次的比赛。

(5)在参加循环赛时，一场比赛中如果获胜局数相同，则为平局。

(6)在参加淘汰赛时，一场比赛中如获胜局数相同，按下列顺序决定胜负：

①受警告少者为胜方。

②受劝告少者为胜方。

如仍相同，则需要加赛一局，依次类推。

七、竞赛名次的评定

(一)个人名次

(1)进行淘汰赛时，直接产生名次。

(2)进行循环赛时，积分多者名次排列在前，若两人或两人以上积分相同时，按下列顺序排列名次。

①负局数少者列前。

②受警告少者列前。

③受劝告少者列前。

④体重轻者列前(以抽签体重为准)。

上述四种情况仍相同时，名次并列。

(二)团体名次

1. 按名次分

(1)各级别如果录取前八名，分别按 9、7、6、5、4、3、2、1 的得分计算。

(2)各级别如果录取前六名时,分别按 7、5、4、3、2、1 的得分计算。

2. 两队积分相同时的处理办法

两个或两个以上的团体分数相同时,按下列顺序排列名次。

(1)按个人获第 1 名多的队名次列前;如再相同时,按个人获第 2 名多的队名次列前,依次类推。

(2)受警告少的队名次列前。

(3)受劝告少的队名次列前。

如以上几种情况仍相同时,名次并列。

八、竞赛仲裁委员会及其职责

为了保障比赛的公平公正进行,必须设立相应的仲裁委员会,散打比赛的竞赛仲裁委员会通常是是由主任、副主任、委员共 3 人或 5 人组成的,仲裁委员会的职责主要包括以下几个方面。

(1)仲裁委员会是在大会组委会的领导下进行工作,主要受理参赛队对裁判人员或裁判组执行竞赛规程、规则的判决结果有异议的申诉,但只限对本队评判的申诉。

(2)接到相关申诉后,应立即进行处理,不得耽误其他场次的比赛、名次的评定及颁奖。裁决结果出来后,应及时通知有关参赛队。

(3)根据申诉材料提出的情况,必要时可以复审录像,进行调查,召开仲裁委员会讨论研究。开会时可以邀请有关人员列席参加,但列席人员无表决权。仲裁委员会出席人数必须超过半数以上做出的决定方为有效。表决票数相同时,仲裁委员会主任有终裁权。

(4)仲裁委员会成员不参加本人所在单位参赛队有牵连问题的讨论。

(5)对运动员或者运动队申诉提出的问题,经过严格认真复审,确认原判无误,则维持原判;如确认原判有明显错误,仲裁委员会提请竞赛监督委员会对错判的裁判员按有关规定处理,不改变评判结果。仲裁委员会的裁决为最终裁决。

(6)运动队的申诉程序及要求

①运动队如果对裁判组的评判结果有异议,必须在该运动员比赛结束后15分钟内,由本队领队或教练员向仲裁委员会提出书面申诉,同时交付1 000元人民币的申诉费。如申诉正确,退回申诉费;申诉不正确的,则维持原判,申诉费不退。

②各运动队必须服从仲裁委员会的最终裁决。如果继续无理纠缠,根据情节轻重,可以建议竞赛监督委员会、大会组委会给予严肃处理。

九、竞赛监督委员会及其职责

竞赛监督委员会是由主任、副主任、委员共3人或5人组成,竞赛监督委员会的职责主要包括以下几个方面。

(1)监督仲裁委员会的工作。对于不能正确履行仲裁委员会职责,裁决运动队的申诉不公、有违反《仲裁委员会条例》的人员,视情节轻重,给予批评、教育、撤换乃至停止工作的处分。

(2)监督裁判人员的工作。对于不能正确履行自己的职责,不能严肃、认真、公正、准确地进行裁判,有明显违反规程、规则的行为者;有明显错判、漏判、反判的行为者;接受运动队的贿赂,通过不正当的手段偏袒运动员者,视情节轻重,给予批评、教育、撤换、停止工作,乃至建议对其实施降级或撤销其裁判等级的处分。

(3)监督参赛单位各领队、教练员、运动员的行为。对于不遵守竞赛规程、规则及赛场纪律,行贿受贿,运动员之间搞交易、打假赛等有关违纪人员,视情节轻重,给予批评、教育、通报、取消比赛成绩、取消比赛资格等处分。

(4)竞赛监督委员会负责听取领队、教练员、运动员、仲裁人员、裁判人员对竞赛过程中的各种反映及意见，保证竞赛公正、准确、圆满、顺利地进行。

(5)竞赛监督委员会不直接参与仲裁委员会、裁判人员职责范围内的工作，不干涉仲裁委员会、裁判人员正确履行自己的职责，不介入判决结果的纠纷，不改变裁判组的评判结果和仲裁委员会的裁决结果。

十、竞赛的场地和器材

(一)竞赛场地

散打比赛的场地为高 80 厘米、长 800 厘米、宽 800 厘米的擂台，台面上铺有软垫；软垫上铺有盖单，台中心画有直径 120 厘米的中国武术协会的会徽。台面边缘有 5 厘米宽的红色边线，台面四边向内 90 厘米处画有 10 厘米宽的黄色警戒线。台下四周铺有高 30 厘米、宽 200 厘米的保护软垫，散打比赛的场地平面示意图(图 8-1)。

(二)竞赛器材

1. 色别牌(图 8-2)

色别牌是边裁判员判定运动员比赛胜负所出示的标志。圆牌直径 20 厘米，把长 20 厘米，共计 18 块，其中红色、蓝色、红蓝各半色牌各 6 块。

2. 劝告牌、警告牌和强制读秒牌(图 8-3)

(1)劝告牌为长 15 厘米、宽 5 厘米的黄色板 12 块，板上写“劝告”字样。

(2)警告牌为长 15 厘米、宽 5 厘米的红色板 6 块，板上写“警告”字样。

(3)长 15 厘米、宽 5 厘米的蓝色板 6 块,板上写“强读”字样。

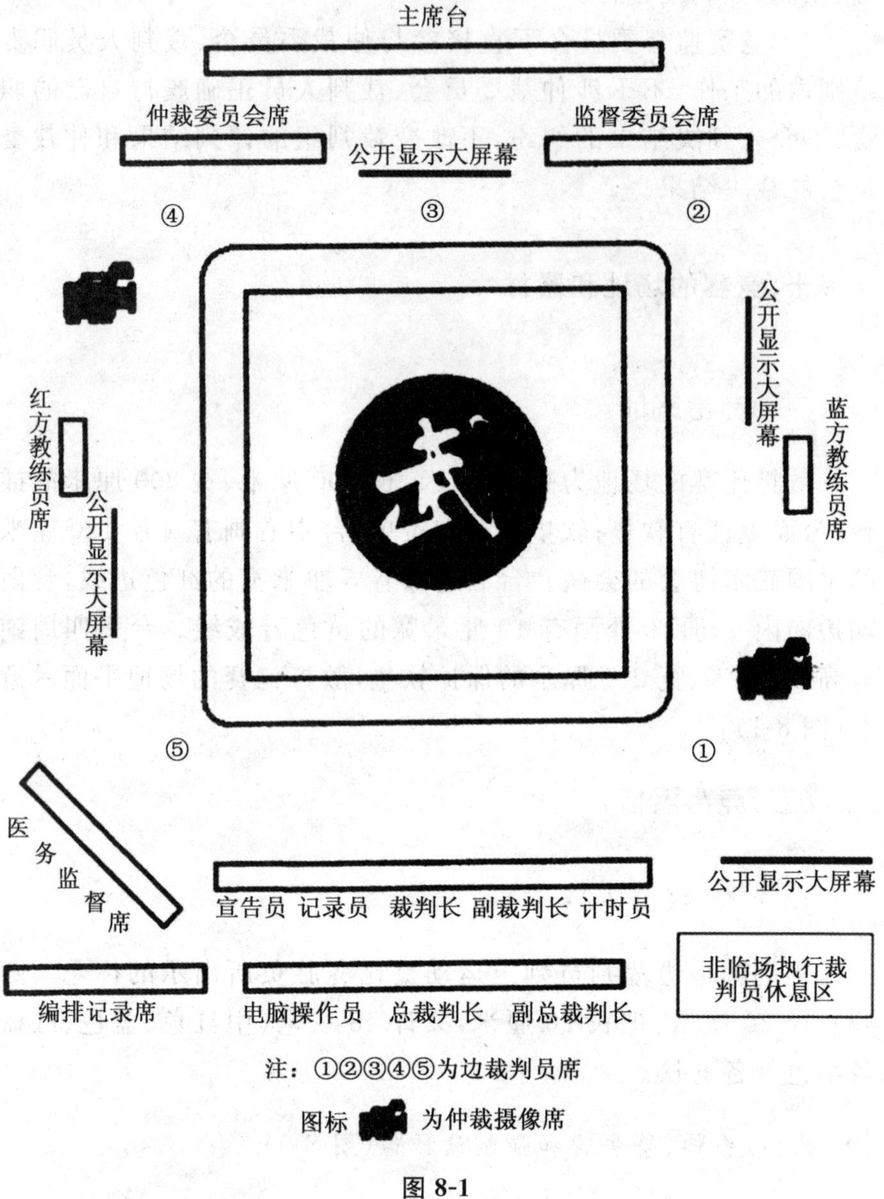

图 8-1

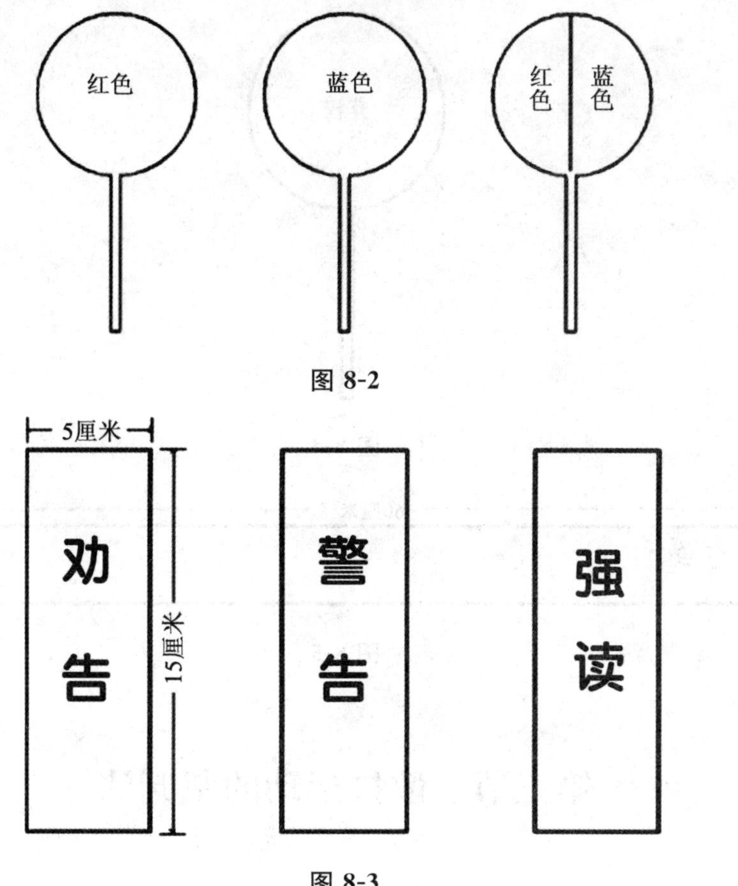

图 8-2

图 8-3

3. 弃权牌(图 8-4)

弃权牌的圆牌直径 40 厘米,把长 40 厘米,黄色 2 个。在圆牌正反面分别用红蓝色写“弃权”字样。

4. 放牌架(图 8-5)

放牌架为长 60 厘米、高 15 厘米、红色和蓝色各 1 个。

5. 其他必需器材

在散打比赛中,除了上述器材,还需要配备的器材包括 2 块秒表,2 个哨子(单、双音各一个),3 个扩音喇叭,1 副铜锣、锣锤、锣架,15～20 块计数器,2 台摄像机,一套电子计分系统和无线麦克风。

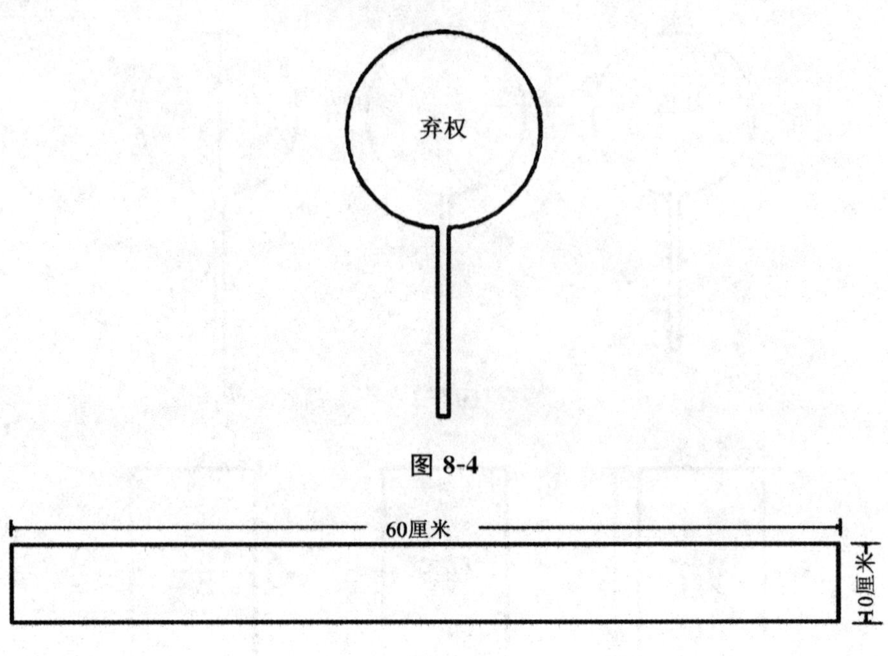

图 8-4

图 8-5

第三节 散打运动的裁判法

一、散打运动裁判员的职责

散打比赛的顺利进行需要裁判员们认真履行自己的职责，散打运动裁判员的职责具体如下。

（一）裁判员的素质要求

1. 具备良好的职业道德

裁判员必须严格遵守《裁判员守则》《武术裁判员管理办法》及各项规章制度，遵纪守法。在裁判工作中，坚持原则，不徇私情；勤奋工作，不为名利；相互支持，协调配合。

2. 严格执行竞赛规则

裁判员必须以《武术散打竞赛规则》为准绳，正确掌握统一的判罚与记分尺度。保证运动员在同等的条件下公平公正地竞赛。

3. 不断提高业务水平

裁判人员应熟悉和掌握武术散打的技术，注意探讨武术散打技、战术的发展趋势，研究在比赛过程中出现的或可能出现的新情况、新问题，不断丰富自己的实践经验和提高理论素养。

4. 保持健康的身体

武术散打比赛，工作强度大、时间长，裁判人员只有身体健康，精神饱满，体力充沛，才能保证在裁判工作中头脑清醒，反应敏捷，判罚准确。

（二）各个裁判员的工作

1. 总裁判长的工作

(1)比赛前的工作

①掌握竞赛规程及有关的补充规定。

②明确裁判人员的分工。

③制定裁判人员工作日程表。

④召集裁判员会议，组织裁判员学习。

⑤检查指导各组的准备工作。

⑥参加组委会及相关技术会议，解答竞赛中的有关问题。

⑦检查比赛场地、器材、护具、用具等落实情况。

(2)比赛中的工作

①指导、监督各裁判组的工作。

②解决临场出现的有关问题。

③进行赛后小结，提出改进裁判工作意见。

(3)比赛后的工作

①审核、签署和宣布比赛成绩。

②总结裁判工作。

副总裁判长要协助总裁判长工作,总裁判长缺席时可代行其职责。

2. 裁判长的工作

(1)比赛前的工作

①组织学习规则、裁判法。

②领取和检查裁判用具(裁判员的服装、记录记分表、秒表、铜锣、哨子等)。

③抽签确定或者安排临场执行裁判员。

(2)比赛期间的工作

①监督计时员、计分员的工作实施情况。

②对台上裁判员的错判、漏判,及时鸣哨予以纠正。

③边裁判员出现反判,向总裁判长出示记分并征得同意后,可以改判。

④发现场地、器材、护具等问题时,可以暂停比赛,予以处理。

⑤宣布每局比赛结果,同时出示胜方色别牌。

⑥审核、签署该场比赛成绩。

(3)比赛后的工作

①每一个单元比赛结束后,召集本组裁判员进行小结。

②比赛全部结束后,负责收交裁判员的裁判用具。

3. 台上裁判员的工作

(1)必须熟练口令与手势,执裁时要做到口令清楚,声音洪亮,动作规范。

(2)检查自己的着装,不能戴手表、首饰及任何硬物上台。

(3)听到第一局准备开始的通告后迅速上台,站在擂台的中央,面向主席台行抱拳礼,再转身向裁判长行抱拳礼,随后向双方运动员示出“上台”手势并令其站在本人的左右侧。介绍运动员时两手放在背后自然站立。

(4)检查双方运动员的拳套、护具,然后退步并示意双方运动员互相行抱拳礼。

(5)面向裁判长做出表示局数的手势,待裁判长示意后,下达“预备一开始”的口令。

(6)根据场上情况及时喊“停”和“开始”等口令。

(7)台上裁判员与双方运动员应保持三角形,根据运动员动作的不断变化,相应地调整与双方运动员之间的距离。

(8)每一局结束的锣声一响即刻喊“停”,随后做出“休息”手势,双方运动员下台休息的同时回到裁判员休息处。

(9)裁判长宣布比赛结果前,迅速上台,面向裁判长以手势示意双方运动员上台并交换位置,两手分别握住双方运动员的手腕。待裁判长宣布比赛结果后,即将获胜方手臂上举。

4. 边裁判员的工作

(1)检查着装、评分表、计分器、笔、色别牌等裁判用具。

(2)入场后,面对擂台成立正姿势站在裁判台左侧,当自己被介绍时,上前一步行抱拳礼,然后退回原位,待裁判长示意后,迅速坐下,准备工作。

(3)根据方法清楚、击中明显的原则,按照得分标准和台上裁判员的判罚,为双方运动员记录得分。

(4)比赛过程中,客观回答台上裁判员对比赛情况的咨询。

(5)无电子记分系统时,每局比赛结束后应尽快计算双方运动员的得分,得出结果后目视裁判长,听到鸣哨信号后,即刻单手上举评判色别牌。

(6)每场比赛结束后,在记分表上填写清楚,以备核查。

(7)边裁判员交换时,互敬抱拳礼。退场裁判员站在裁判台右侧,上场裁判员站在裁判台左侧。

(8)比赛开始和结束,在裁判长带领下统一入场、退场。

5. 记录员的工作

(1)准备好比赛用的记录表,熟悉表格的使用。

(2)根据每一单元的比赛顺序,将运动员的姓名、单位、级别、体重等填好;体重填写至小数点后两位数。

(3)根据台上裁判员的手势记录双方运动员警告、劝告、下台、消极搂抱、消极5秒、强制读秒的次数。

(4)一局比赛中,一方被强制读秒或者下台2次;一场比赛中,一方被强制读秒或者受警告3次,应及时向裁判长报告。

(5)记录每局比赛边裁判员的评分结果。

(6)循环比赛时,根据台上裁判员宣布的比赛结果,在记录表中填写双方运动员的比赛成绩,胜方计2分,平局各计1分,负方计0分。因对方弃权而获胜者计2分、弃权者计0分。

6. 计时员的工作

(1)检查哨子、铜锣,核准秒表,掌握开表、停表、回表等操作程序。

(2)比赛开始到结束,始终目视台上裁判员,随台上裁判员"开始"、"停"的口令与手势,进行开表、停表计时。

(3)距每局比赛结束时间5秒时,一手计时、一手持锣锤,做好鸣锣准备,到时即刻鸣锣。锣声响后即停表、回表,并再次开表计时1分钟作为局间休息时间,至50秒时鸣哨通告,准备下一局比赛。

(4)台上裁判员为运动员读秒时,应同步起用计时器。此时,如比赛时间已到,也要等台上裁判员读秒结束后才能鸣锣。

7. 编排记录长的工作

(1)审查报名表、统计每个级别参赛人数。

(2)绘制竞赛日程表。

(3)编排比赛秩序册。

(4)参加称量运动员体重工作。

(5)组织抽签。

(6)准备比赛用的各种表格。记分表、记录表、比赛轮次表、比赛出场表。

(7)核实成绩,在下一单元开始前出示成绩公告。

(8)每一单元比赛结束后,编排、公告下一单元的比赛秩序。

(9)编制总成绩表(册)。

(10)清理各种有关材料,做好存档工作。

编排记录员完成编排记录长分配的工作。

8. 检录长的工作

(1)称量体重

①根据大会指定的人员、时间、地点称量体重。

②采用公制计量器,计量至小数点后两位数。

③称量体重的结果除编排记录组保存外,分别交总裁判长、裁判长各一份以备查。

(2)提前到比赛场内检查比赛护具。

(3)赛前20分钟,召集运动员检录。第一次检录时发放护具;第二次检录时检查护具穿戴情况,并用胶布条封住拳套口后盖章;第三次检录后将运动员带入场地候场。若赛前检录运动员未到或弃权,应及时报告总裁判长。

(4)指导并监督运动员穿戴服装护具。

①服装与护具颜色不符合比赛规定者,不准其上场比赛。

②运动员不准赤膊或佩戴手表、首饰及任何硬物上场。

③运动员身体任何部位不得涂抹油脂性物质。

④拳套必须系紧,扣结只能在拳套的背面,并用胶布固定后盖章。

⑤运动员戴上护头后,额前头发不得外露,下颚扣结要固定,后脑扣结松紧要适度。

⑥运动员穿戴护胸松紧适度,扣结固定。

⑦运动员必须赤脚,护裆必须穿在裤子内。

⑧检查运动员的护齿。

(5)将运动员、教练员及队医带入场内指定位置。

(6)将备用护具放在场边,以备比赛损坏时置换。

(7)负责获奖运动员的检录。

副检录长协助检录长工作,检录员完成检录长分配的工作。

9. 宣告员的工作

(1)介绍竞赛规程、规则。

(2)宣布每一单元场次的开始或结束。

(3)介绍上场的裁判员、运动员。

(4)根据台上裁判员的评判,及时介绍比赛情况。

(5)根据比赛进程,结合规则简要介绍散打技术和得分情况。

10. 医务监督的工作

(1)审核运动员《体格检查证明》。

(2)负责赛前对运动员进行体检抽查。

(3)根据台上裁判员的手势,及时为受伤运动员临场治疗。

(4)临场鉴定运动员是否受伤或诈伤。

(5)根据医务监督条例对不能继续比赛的运动员向大会提出停赛建议,并负责安排医疗救护事宜。

(6)配合兴奋剂检测人员检查运动员是否服用违禁药物。

二、散打运动裁判员的裁判方法

(一)每局比赛 2 分钟(1 分 30 秒)

是指每局除暂停之外的实际比赛时间。计时员听到台上裁判员喊“开始”的口令就立即开启计时表,台上裁判喊“停”就即刻停表,直至计时表累计达到 2 分钟(1 分 30 秒)时,计时员必须准时鸣锣通告本局比赛结束。

（二）局间休息1分钟

是指每局之间的间歇时间。上一局比赛一结束，计时员即刻开始记局间休息时间。休息时间至50秒时通知运动员上场准备比赛，局间休息满1分钟时，台上裁判员必须发出比赛“开始”的口令。

（三）达不到报名级别

是指运动员在称量体重时的体重不够或超出所报级别规定的体重范围。例如，75公斤级的运动员，体重必须大于70千克、小于或等于75千克，体重不在这个范围，则不准参加比赛。

（四）关于比赛护具的相关规定

（1）比赛中运动员必须穿戴《规则》中规定的护具，否则判技术犯规，改正后可继续比赛。运动员因伤确需穿戴《规则》规定以外的护具时，须经医务监督盖章确认后，只能穿戴软性护具上场，如护肩、护腰、护膝、护踝、绷带等。

（2）运动员参加比赛必须按规定扣带护齿、使用缠手带。否则，裁判员给予技术犯规处罚。

（3）运动员检录上场后，只要拳套脱落，一律按有意松脱护具，判技术犯规。如果运动员将对方推打下台或摔倒时自己的拳套脱落，则下台和倒地无效，判拳套脱落的运动员技术犯规。

（五）无故弃权

（1）不参加称量体重。

（2）不准时参加检录。

（3）检录后未能按规定时间准时参加比赛。

（六）禁击部位

是指规则中规定的禁止击打部位。后脑，是指头部耳郭垂线以后的部位。颈部，是指人体第一椎骨以下，锁骨以上的部位。

裆部，是指人体的阴部。

（七）得分部位

是指规则中规定的得分部位。头部，是指除了后脑以外的面部和头两侧的部位。躯干，是指胸部、腹部、背部、腰部。大腿，是指髋关节以下、膝关节以上、包括臀部在内的部位。人体的肩部、上肢、小腿、脚跟、脚掌与脚背，既不是禁击部位，也不是得分部位，击中后既不能判犯规，也不能判得分。按照“方法清楚，效果明显”的得分标准，就低不就高。例如：击中肩部与胸、背的连接部位，不得分；击中大腿与小腿的连接部位，不得分；击中腰部与臀部的连接部位，得 1 分。

（八）用头、肘、膝进攻对方

是指用头、肘、膝的部位主动发力攻击对方，属于“侵人犯规”。比赛中许多情况下需要贴近对方，常出现低头、抬肘、提膝等防守动作时，头、肘、膝触及对方的身体而没有明显的发力，不属于犯规。

（九）迫使对方反关节的技法

是指固定对方关节前端并击打关节外侧，或迫使其关节超出正常活动范围的攻击动作。

（十）迫使对方头部先着地的摔法

是指在使用摔法过程中，控制住对方的身体，强迫对方头部先着地，有意伤害对方的行为。

（十一）有意砸压对方

是指对方倒地时，有意用身体砸压对方，以达到伤害对方的目的。

(十二)故意致使对方的伤情加重

是指一方运动员在比赛过程中出现了开放性伤口,经医生临场处理后继续比赛,另一方运动员故意揉搓或磨蹭对方伤口的伤害行为,其目的是为了使对方因伤不能继续比赛。这是一种违背武德和现代体育精神的行为,比赛中予以禁止,判其侵人犯规。

(十三)击中得分

是指运动员使用可用方法,击中对方的得分部位后产生了相应的效果。主要从以下四个方面判定:

(1)看进攻。进攻方法清晰、力点准确,明显击中得分部位。

(2)看防守。击中时没有相应的防守动作;或击中在先,防守动作在后;或防守失误而没有产生相应的防守效果。

(3)看位移。击中后身体部位产生的移动、震动、晃动现象。

(4)听声音。击中对方后发出清脆或者沉闷的响声。

(十四)倒地

是指运动员在比赛过程中除两脚以外的身体任何部位支撑了台面。

(1)被击倒,是指遭受对方拳法、腿法的打击而失去重心倒地。

(2)被摔倒,是指被对方用摔法致使身体失去平衡倒地。

(3)自行倒地,是指由于进攻、防守动作不当等原因造成的倒地。

(十五)倒地在先

(1)一方倒地在先,另一方倒地在后。

(2)一方压在先倒地方的身上。

(3)双方先后倒地,身体没有完全脱离,先倒地方支撑了台下地面,应判倒地在先。

(十六)双方同时倒地

是指双方运动员在使用动作过程中均失重倒地,且分不出先后时,则判为同时倒地。

(十七)主动倒地

是指使用两脚以外的其他身体部位先支撑台面,致使对方倒地的进攻方法。主动倒地有以下五种判罚:

(1)使用主动倒地的动作将对方击倒,并能顺势站立,得 2 分。

(2)使用主动倒地的动作将对方击倒,双方分离,但不能顺势站立,判对方倒地在先,得 1 分。

(3)使用主动倒地动作没有击中对方,但在 3 秒内迅速站立,对方不得分。

(4)使用主动倒地动作没有击中对方,且在 3 秒钟内不能迅速站立,判主动倒地方“3 秒”,对方得 1 分。

(5)使用主动倒地的动作将对方击倒,但对方倒地时压在了主动倒地方的身体上,致使其不能顺势站立,判主动倒地方倒地在先,对方得 1 分。

(十八)3 秒

是指运动员使用主动倒地动作进攻后,不能在 3 秒钟内站立,台上裁判员喊“停”,判罚“3 秒”。

(十九)一方下台

是指一方运动员在比赛中,身体的任何部位支撑了台下的保护垫或场地,均判为下台。

(二十)双方下台

是指双方运动员从比赛“开始”至“停”的口令期间,同时或先后都掉下了擂台。

(二十一)下台无效

(1)是指双方或一方运动员在台上裁判员喊“停”之后下台。
(2)一方先倒地后二次发力致使对方下台。
(3)一方下台时,没有与台上运动员完全脱离。
(4)双方倒地,没有分离,后倒地一方支撑了台下。

(二十二)指定进攻与消极5秒

比赛中运动员互不进攻时间达到5秒时,台上裁判员须指定消极一方运动员或双方消极中的任何一方进攻。台上裁判员指定一方运动员进攻后,按每秒一次的频率用手指在体侧记数5次的方法计时,运动员达5秒钟仍不进攻时应喊“停”,并给予被指定方“消极5秒”的判罚。

(二十三)方法不清楚、效果不明显

是指运动员完成动作时的质量和效果均不符合击中得分的要求。

(二十四)运动员相互抱缠超过2秒而不能产生摔法效果时

(1)双方抱缠在一起,既不使用方法也没有分离超过2秒时。
(2)双方互摔达2秒时仍不能控制对方。

(二十五)消极搂抱

是指运动员主动搂抱对方不使用摔法,消极等待2秒裁判喊“停”的行为。

当运动员出现消极搂抱行为时,台上裁判喊“停”后,并给予该运动员消极提示1次;出现第2次,则判罚“技术犯规”;之后每出现1次,判罚1次。

(二十六)消极逃跑与主动下台

“消极逃跑”是指一方运动员在比赛中为了躲避对方的进攻,

而有意逃跑的行为。一旦出现这种行为，台上裁判员应喊“停”，并给予逃跑一方运动员“技术犯规”的处罚。“主动下台”是指一方运动员在比赛中因体力不支或被重击等情况，为达到更长时间休息而主动下台放弃本局比赛的行为。一旦出现这种行为，视为弃权，判对方为该场胜方。

(二十七)有意拖延比赛时间

是指运动员在局间休息后不及时上场、倒地或下台后有意不迅速起来、有意或借故整理护具、头发等。凡此类情况均视为“有意拖延比赛时间”，作为技术犯规处理。

(二十八)实力悬殊

是指双方运动员技能、体能的整体水平有较大差异，在比赛中主要表现为一方已没有进攻与防守的能力，胜负已经十分明显。裁判长征得总裁判长同意后，判技术强者为优势胜利。

(二十九)领先 12 分优势胜利

是指在一局比赛中，一方运动员领先另一方运动员 12 分时，判得分多者为该场比赛胜方。对于领先 12 分的判定，在实行 5 人制边裁时，应至少获得 4 个边裁判员的判定；实行 3 人制边裁时，需要 3 个边裁判员的判定。

(三十)知觉失常

是指运动员在被重击之后，身体所表现出来的一种不正常的状态。具体表现为：站立重心不稳，步履蹒跚紊乱，不能平衡身体；面部表现痴呆，意识模糊，呼吸急促等。

(三十一)读秒

读秒一般可分为两种，一种是因对方犯规而有可能造成伤害，为保障运动员的安全进行的读秒。另一种是运用合理的方法重击对方，使其不能马上继续比赛，为保障其安全进行的强制读秒。

读秒时，台上裁判员须迅速靠近被读秒的运动员，以利于清楚地观察其面部表情，并且所处位置要以不挡住裁判长的视线为宜。读秒后，必须予以判罚。

1. 读秒有三种情况

(1)读 8 秒。台上裁判员在读秒过程中，运动员已举手示意可继续比赛，但仍须读完 8 秒后再继续进行比赛。

(2)读 10 秒。台上裁判员在读秒过程中，运动员没有示意要求继续比赛，或虽已示意可以继续比赛，但发觉其知觉失常时仍须读到 10 秒，终止比赛。

(3)终止读秒。台上裁判员在读秒过程中，如果发现运动员出现休克、关节脱臼、骨折等危险状态时，即刻停止读秒，取下运动员的护齿并用手势请医生将其送到后场进行急救处理。

2. 读秒后的判罚有五种情况

(1)一方因对方犯规被读秒，但在读至 8 秒前已表示能继续比赛且知觉也正常，则给犯规方“警告”的判罚。

(2)因对方犯规造成读秒，而终止比赛，经医务监督检查确认不能继续比赛，则判犯规方“取消比赛资格”。

(3)因对方犯规造成读秒，而终止比赛，经医务监督确认能够继续比赛，则判犯规方“警告”，并为该场胜方。

(4)一方使用允许的方法重击对方，使之“强制读秒”，被强制性读至 8 秒前，如表示能继续比赛，则应给其“强制读 8 秒”手势和相应的判罚。

(5)一方使用允许的方法重击对方，使之“强制读秒”，被强制性读至 8 秒时，仍没有表示能继续比赛，则必须读完 10 秒后才能终止比赛，判对方为该场胜方。

(三十二)记分

是指边裁判员按照“得分标准”,记录运动员的得分;使用同一个动作产生不同分值的效果,应将各分值累加记分。

(三十三)每局胜负评定

边裁判员用色别标志(色别灯、色别牌)表示评定结果,色别标志多者为胜方。

(三十四)团体比赛评分时的胜负判定

女子团体和男子团体最终比分如出现 1∶1 或 2∶2 时,按下列顺序判定胜方。

(1)该场团体比赛累计负局数少者为胜方。

(2)该场团体比赛累计受警告少者为胜方。

(3)该场团体比赛累计受劝告少者为胜方。

(4)该场团体比赛参赛运动员体重累计轻者为胜方。

参考文献

[1]杜刚.散打[M].天津:天津人民美术出版社,2016.

[2]鲍强.散打[M].合肥:合肥工业大学出版社,2016.

[3]黄生勇,金马.武术散打[M].西安:西安电子科技大学出版社,2015.

[4]张瑞林.散打(第2版)[M].北京:高等教育出版社,2014.

[5]孙永武,丁兰英,徐诚堂.散打[M].福州:福建科学技术出版社,2008.

[6]周永盛.论散打的技击原理[J].三明高等专科学校学报,2003(4).

[7]桂源海.现代武术散打基础理论与实践[M].北京:北京师范大学出版社,2009.

[8]骆广才.武术散打技法[M].杭州:浙江大学出版社,2015.

[9]程啸斌.散打技击学[M].南昌:江西人民出版社,2011.

[10]曾于久.武术散打训练新论[M].北京:人民体育出版社,2013.

[11]王智慧.散打技术与实战训练[M].北京:人民体育出版社,2012.

[12]武兵,武冬,王宏强.散打实用技法精要[M].合肥:安徽科学技术出版社,2012.

[13]梁成.我国武术散打商业赛事运营的研究[D].首都体育学院,2013.

[14]周小青,张冬琴.新竞赛规则下散打技术的运用特点及发展趋势研究[J].北京体育大学学报,2011(9).

[15]朱瑞琪.武术散打技术理论与裁判[M].北京:人民体育出版社,2015.

[16]张涛,王伟.武术散打心理训练浅探[J].搏击,2010(3).

[17]周锐,曹庆华.浅析散打实战教学中学生的恐惧心理[J].搏击,2014(11).

[18]王晓敏.散打运动员体能训练的科学性分析[D].陕西师范大学,2014.

[19]刘洋.散打体能与训练系统结构研究[J].搏击,2011(5).

[20]向武云.散打技术体系分类与构建新论[J].运动,2015(22).

[21]孙作顺,李秀才.简析武术散打礼仪内容的构建和运用[J].运动,2015(16).

[22]周争蔚.散打教学与训练[M].北京:人民体育出版社,2010.

[23]李林海.山西省武术散打后备人才培养现状与对策研究[D].中北大学,2012.

[24]吕振宇.散打运动中常见运动性伤病与预防措施之研究[J].搏击(武术科学),2007(2).